あなたもプラス思考でやせられる

お金いらずのダイエット

松本光正
おおみや診療所所長

地《ぢ》湧《ゆう》社

はじめに

「少し太りすぎですね。がんばってやせましょう」

「でも先生、いろいろやってみるのですが、なかなかやせられないのですよ」

こんな会話を何百回、何千回してきたでしょう。

医者になって三〇年が経ちました。毎日、肥満との闘いです。

太っている人の大多数は、太っていることを非常に気にしています。なんとかやせようと思っています。しかしやせられないで悩んでいます。

そして、あのダイエット法、このダイエットの仕方といろいろ試してはみるのですが、結局やせられずに自信を失ってしまいます。

なぜでしょう？　それは、ダイエットを科学的に理解していないから、また考え方が「プラス思考」でないからです。

やせたいと思っている人には二つのタイプがあります。

一つは、「食べていないのになぜやせないの?」と思っている人たち。

もう一つは、「自分が太っているのは食べているからだ」と自覚しているのに、どうしても食べる量を減らすことができない人たち。

さあ、あなたはどちらのタイプですか?

最初に一つめのタイプの人たちについて話します。

「これしか食べていないのに、なぜやせないのでしょうか?」という質問を毎日のように耳にします。こういう方が本当に多いのです。本人は食べていない、と思っています。食べすぎているという自覚がありません。食べすぎているのに、これしか食べていない、これしか食べていない、と思っているのです。

これを食べたら何カロリーの摂取になるのか、何カロリー食べたら何グラム体重が増えるのか、どれだけ動くと一〇〇グラム体重が減るのか、こういうことがわかっていないから、「これしか食べていないのに、なぜ体重が減らないのでしょう?」と質問するのです。

ダイエットも立派な科学です。一つ一つの食品にどれだけのカロリーがあるのか、きちんとわかっています。そして何カロリー食べると体重が何グラム増えるのかも、科学的にわかっています。

逆に言うと、体重を一キログラム落とすには何カロリー減らすといいのかもわかっています。これらは決して難しいことではありません。ちょっと説明を聞けば、誰にでも理解ができます。

今までは、こういったことを教えてくれる人があまりいなかったのです。そういう本が少なかったのです。ダイエットの本というと、「食べてやせよう」式の本が多すぎます。そして一般の人もなんとか楽をしてやせようと思うので、この種の本を買ってしまいます。しかし、楽をしてやせることは決してできません。少しの我慢、忍耐は絶対に必要です。ですからこの本を買って、楽をしてやせようと思っておられるのなら、期待はずれに終わるでしょうから買わないほうがいいでしょう。

減量には我慢が伴います。これは、はっきり言っておきます。しかし少々我慢をしてくれれば確実にやせられる方法をお話したいと思います。それがこの本です。

ダイエットには我慢が必要である、とはっきり書いてある本はほとんど皆無でしょう。たいていの場合は、「こういう楽な方法でやせましょう」と書かれています。

しかし、そんな甘い話があるわけがありません。我慢なしにはやせられません。腹いっぱい食べてやせようなどという、嘘に近い言い方はとても私にはできません。

そんなことは科学的にあるはずがないからです。「食べれば太る。食べなきゃやせる」

これが真実なのです。科学なのです。太ったのは食べたからです。やせないのは食べているからです。ここをしっかりわかってもらう必要があります。

どのダイエットの方法も結局のところ「減食」です。りんごダイエットも卵ダイエットも、こんにゃくダイエットも玄米ダイエットも、なんでもすべて減食です。そのどの方法でもきちんとやれば減量できたはずです。

できなかったのは我慢が足りなかったのです。しかし無理やり我慢するのはつらいものです。科学的に理屈がわかっての我慢なら、なんとか我慢もできるでしょう。この本では、そういう科学的な理屈をわかりやすく説明しようと思っています。

科学的に減量する第一歩は、食品のカロリーを覚えることです。

そして次にはそのカロリーを守ることです。

しかし、そのカロリーを守ることには苦痛が伴います。我慢が要求されるのです。

患者さんがよく言います。「先生、どうしたら我慢する強い意志ができますか？」と。そうなのです。我慢する心の作り方がわかったらダイエットも簡単なのです。しかし我慢する強い心の作り方を三分診療のなかでお話するわけにはいきませんので、「そんな方法はありませんね」と言ってしまいます。

しかし本当はあるのです。

その心を作るコツが「プラス思考」です。プラス思考がその強い心を作る大きな原動力なのです。この本を最後までお読みいただくと、いつの間にかプラス思考が身について、きっと我慢できる強い心ができてくるはずです。

「自分が太っているのは食べているからだ」と十分理解しているのに、どうしても食べてしまう。なんとか食欲をコントロールしてやせたいと思っている人もたくさんいます。そういう人たちを減量させるのは本当に大変です。しかしこの本では、こうしたら食欲を少しは我慢できますよと教えるつもりです。

それは何度も開いた「スリム教室」に裏打ちされています。「スリム教室」は、短い外来のなかでは十分に伝えられない減量の話を補う目的で開講しました。教室はたいていの場合、一週間に一つの講義を行い、四週〜六週で卒業する形式で行なわれます。なぜ減量できないのか、どうしたら少しでも食べずにいられるか、一つ一つの食品のもつカロリー数、何をどう食べたらいいのか、などをそれぞれ一時間程度話すのです。

そうすると外来では決して減量できなかった人が見事に成功してゆくのです。予想していたとはいえ驚きました。この教室を開くことで私自身も大いに学びました。太っている人の考え方や、減量に導く方法などなどです。そういう貴重な経験がこの本の土台になっています。

「これしか食べていないのになぜやせないの?」と思っている人。

「太っているのは食べているからだ」と自覚しているのに、ついつい食べてしまうのでやせられない人。

この本がそういう方たちの減量のお役に立てれば、本当にうれしく思います。

みなさんは減量しようと思うからこの本を手に取られたのでしょう。そういう気持ちがあるのですから、きっとやせられます。どうぞみなさんも念願の減量に成功してください。

そして「プラス思考」を少しでも身につけて、これからの人生に役立てていただくことを心より願っています。


〈注〉栄養学では一キロカロリーのことを「カロリー」と表わすのが一般的ですので、本書でもそのように書くことにします。

お金いらずのダイエット　目次

1章　言い訳はやめてプラス思考でやせよう

2章　体重とカロリーの関係を理解しよう

3章 減食のつらさを少しでも和らげる方法

4章　ダイエットが面白くなるアドバイス

1章　言い訳はやめてプラス思考でやせよう

「プラス思考」とは？

みなさん、「プラス思考」という言葉をご存じですか？

プラス思考というのは、ものごとを前向きに考える考え方です。別の言葉で言うと「積極的思考」です。反対の言葉は「消極的思考」「マイナス思考」です。

このプラス思考を基礎にしてみなさんを減量に導こうというのがこの本の目的です。

まず、プラス思考とはどういうものか、実際の例を挙げて説明してみましょう。

一〇個あったお菓子がいつの間にか一つだけになってしまいました。「お！　まだ一つあった」と思うとプラス思考です。「アレ、もう一つしかないのか」と思うとマイナス思考です。

デパートに買い物に行きました。買い物が終わったところで財布をのぞいたら五〇〇円玉が一つあります。「お！　五〇〇円残ってるよ」と思うのはプラス思考です。「え！　五〇〇円しかないよ。何買ったんだろう」と後悔するのはマイナス思考です。

ダイエット中に体重が少々増えただけで、がっくりきたり、もうダメだと思ったりするのもマイナス思考です。プラス思考なら、食べたから太ったのだと素直に認めて、もう一度やり直します。

仕事がたくさんあって食事をする時間がないとき、「しめた、これで食べなくてすんだ」と思えば、プラス思考です。「食べる時間がない」と不平を言えば、マイナス思考になります。

羊羹《ようかん》をみんなの前で切っています。そして自分には一番小さいのがまわってきました。「ありがたい、これでやせられる」と思えばプラス思考です。「なんだ、俺のが一番小さいではないか」とがっくりくればマイナス思考です。

朝起きて、「さあ今日一日がんばろう。だいじょうぶだ。食べないぞ」と思えばプラス思考です。「だいじょうぶかな、食べてしまわないかな。心配だな」と思ったらマイナス思考です。「だいじょうぶ、自分はできる」と思うことが大切なのです。

そうです、なんでもいいほうに、いいほうに考えましょう。人間にとっては、いいほうに、プラス思考で考えたほうが心が喜ぶのです。

そしてまた、「私は強いのだ、私は強い強い力の結晶だ」と思うことが大切です。今、そう感じられなくても、プラス思考であえて「私は強いのだ、私は強い強い力の結晶だ」と考えましょう。自分は強いと思うところにプラス思考も湧いてくるというものです。

いいことは「ふり」してでもやることです。そうするとそれが、習い性となって自分の身についてきます。悪いことはウソでもしてはいけません。ウソでやっているうちに、ウソか本当かわからなくなり、善悪の区別がつかなくなってしまうからです。

笑う角には福来たる。心からの笑いというのは、プラス思考のひとつの表現です。マイナス思考では心からは笑えません。マイナス思考の笑いは、冷笑か、皮肉笑いなどでしょう。考えただけでもいやな気持ちになります。

やっぱり笑うならプラス思考の元気な笑いが一番です。食事の前に、笑ってみるのはいいですよ。「ワハハハ！」と声を出して笑うのです。声を出せないところでは、ニヤッ！ニコッ！　と笑うのもいいでしょう。そうすると、少しの食事もおいしく食べることができますよ。

そしていつでも自分はプラス思考をしているかどうか、マイナス思考に傾いていないかどうか検討することが大切です。

言葉にも気をつけましょう。積極的な明るい、勇気のあるプラス思考の言葉を使いましょう。人を傷つけるような言葉を言っていないかどうか。「もうダメだ」とか「俺なんて……」などと自分を傷つける言葉を使っていないかどうか、よーく考えてみましょう。そういう言葉はマイナスの言葉です。言葉はいつも、はつらつ、さっそうとした言葉を使いましょう。少々腹が減っていても、「ああ満腹満腹！」と口に出しましょう。それだけで、おなかがすいたのを忘れることができます。

言霊《ことだま》という言葉があります。これは言葉に魂が宿っているという考え方です。いい言葉を使えばいい結果が出てくる、悪い言葉には悪い結果が伴うというのです。言葉は大きな力をもっています。言葉で人を傷つけることも、人を死に追いやることもできます。逆に一つの言葉で人を勇気づけることもあります。生きる希望を与えることもあります。一つの言葉が人生の大きな転機を作ることもあります。言葉には大きな力があるのです。努めていい言葉、プラスの言葉を使いましょう。

世間を見渡すとマイナス思考の言葉や現象がたくさんあふれています。そういうものから、マイナスの考え方が知らず知らずのうちに入りこんできます。そうならないためにも、いつでも、これはプラス思考かな、マイナス思考かなと、検討を加えてください。

取り越し苦労や、過去のことを思い煩うのもマイナス思考です。過去のことは過去のこと。思い煩ったって元には戻りません。それが時間の法則です。思い煩うだけ損です。未来のことも考えたってしょうがありません。そのときが来てみなければわからないのです。あの手この手を打っておくのはいいでしょうが、取り越し苦労になるのなら先のことは先にしましょう。実際に生きているのは、今という時間だけなのです。今を大切にすれば、取り越し苦労もありません。後悔ということもないのです。

禅語に「日々是好日《にちにちこれこうにち》」という言葉があります。一日一日をプラス思考で生き抜こうという意味です。毎日毎日が感謝感謝なのです。感謝、すなわちプラス思考です。いつでも同じ気持ち、事があろうとなかろうと、平常心でいることができれば、それが本当のプラス思考です。「さあプラス思考でやろう」と思わなくても自然にプラス思考ができていればいいですね。

晴れてよし曇りてもよし富士の山。いつでも泰然自若、プラス思考です。

食べれば太る、食べなきゃやせる

ダイエットの本はたくさん出ています。なかには「食べてもやせられる」「食べてやせよう」などという妙なキャッチフレーズを表題にしている本もあります。好きなだけ食べて、腹いっぱい食べて、それでやせられるでしょうか？　そんなことはありません。決してありません。

「食べてもやせられる」「食べてやせよう」という題名の本も、中身は「減食」の話が中心です。「食べれば太る、食べなければ太らない」太っているのは食べているからだ。このことをまず、しっかりと受け止めてください。

このことが受け止められるか受け止められないかで、減量に成功するか、しないかが決まってきます。

減量するには二つの方法があります。

一つは、口から入るエネルギー量を減らすことです。つまり食事制限です。言い換えると「収入」を少なくすることです。

もう一つは「支出」を多くすることです。言い換えると体を動かすことです。運動してエネルギーを体の外に出すことです。

現実にはこの二つの方法を組み合わせることが大切です。

しかし、運動してやせようとしてもなかなか思うようにはいきません。それは運動して消費されるエネルギー量は意外と少ないからです。

運動に力点をおいた話をすると、運動していれば、いくら食べてもいいように思ってしまいます。「自分は運動が少ないから減量に成功しないのであって、食べているから減量に成功しないのではない」と思ってしまいます。それが怖いのです。

運動量が少ないからやせないのではなく、食べる量が多いからやせないのです。ここのところをしっかりとわかってほしいのです。

そこがわからないと「運動しているのにやせない」という言い方になってしまいます。

私は長いあいだの経験上、食事制限をして減量することのほうが大事だと信じています。そこでこの本では、食事制限を主にして、運動を従において解説していきます。「食べれば太る、食べなきゃやせる」このことを主眼にして、みなさんを減量に導いていきたいと思います。

お金はまったくかかりません。むしろ、お金が残るのがこの方法です。

世の中には、高いお金をかけてダイエットさせる方法がたくさんあります。なになにエステ、耳の鍼《ハリ》、いろいろなダイエット食品、運動器具、スポーツクラブ等々。みんなそれぞれ特徴があり、きちんと実行すれば必ずやせるでしょう。しかしお金はずいぶんかかります。数万円ですむものもあれば、数十万円、いやそれ以上かかるものもあります。しかし、お金をまったくかけずにやせる方法もあるのです。それが減食です。食事にかけるお金を減らすのですから、こんないいことはありません。

さあ「食べたつもり」の「つもり貯金」をしましょう。そうして減食でスマートになって、そのお金で海外旅行にでも行こうではありませんか。想像はものごとを成就させる原動力です。スマートになって海外旅行している自分を心にしっかり描いてください。これもプラス思考です。

太っている人の言い訳

外来で患者さんに言います。「ちょっと太っていますね（相当太っていてもちょっとと言うことにしています）。少し体重を落としましょう」

すると、「本当ですね、わかりました。少し太りすぎですよね」といった返事をする方はあまりいません。たいていの場合は「でも先生……」で始まる言い訳を口にします。

患者さんたちが使う言い訳はたいてい決まっています。本当にそれを信じているのか不思議に思う、面白い言い訳がいくつかあります。あたかも、それが科学的であるかのように言っています。それを一五の言い訳に分類してみました。

あなたのは、そのどれにあたりますか？

自分がいつも言っている言い訳はありませんか？

言い訳ばかり言っていてもやせません。もう、そろそろ言い訳はやめようではありませんか。そして減量への第一歩を踏み出しましょう。

とりあえず私が分類した言い訳を読んでみてください。そのナンセンスさがわかれば、これから始まるあなたのダイエット作戦にきっと役立つと思いますよ。

その1　私は水を飲んでも太るのです

「やせたほうがいいですよ。血圧も高いし、糖尿病もあるし、このままではいつ倒れてもおかしくないですよ」

「でも先生、私、水を飲んでも太るのです」

水を飲んでも太るのです。この言い訳は多いですね。太っている人の一〇人中八人が口にします。本人たちは本当にそう思っているのかなあ、と半信半疑でしたが、たしかにそう信じているようです。

言い訳のなかには、本当に言い訳のつもりで言っている言い訳と、たしかにそう信じている言い訳があります。これは本当にそう信じて言っている言い訳です。驚きました。驚いたと同時に、たいへん面白い言い訳なので、最初にこれをみんなで科学的に考えてみましょう。

水を飲んでも太るという「水」とは何でしょうか?

水は水素と酸素からできています。水素原子はHと書きます。酸素原子はOと書きます。水素原子二つと酸素原子一つで成り立っているのが水の分子です。これを化学式で書くと

H_2Oとなります。

この化学式で表わされる水は、何杯飲んでも体を動かす力にはなりません。何杯飲んでも血にも肉にもなりません。水はそのままでは、生物にとってはノーカロリーなのです。水をエネルギー源にして生きている生物はまったくいないのです。カロリーがないのです。ですから、たとえバケツ一杯飲んでも、絶対に太ることはありません。太るということは、体に脂肪や肉がつくことです。

水は、どんなことがあっても、脂肪にも肉にも変化しません。もしも水が脂肪や肉に変化して、太ることができたなら、こんないいことはありません。世界中から食料不足が一挙になくなってしまいます。腹が減ったら水を飲んだらいいのですから、こんないいことはありません。しかし、そんなことがありえないのは誰でも知っています。

それでも、なぜか自分には、自分だけには当てはまるかのように思っているところに、この言い訳の面白さがあります。

もしも、本当に当てはまると思っているなら、実際にやってみるといいと思います。なにも食べずに、水だけ飲んで暮らすのです。こんな安あがりなことはありません。食費がただなのですから。

しかし、そんなふうに話しても、質問は続きます。

「でも先生、水はノーカロリーといっても、水を飲んだら体重は増えるでしょう?」

患者さんはこう言って切り返してきます。

水を飲んだら、たしかに体重は増えます。水一CCの重さは一グラムですから、一八〇CCのコップで水を一杯飲んだら一八〇グラムだけ体重が増えます。

実際に、水を飲んで体重計にのってみましょう。

一リットル飲んだら一リットル分、すなわち一キログラムだけ体重が増えます。

しかしそれは一時的な体重増加です。半日どころか二〜三時間も経たないうちに、すぐに汗や小水になって出ていってしまいます。そして、元の体重に戻ります。言い換えると一キログラムの荷物を持って体重計にのったのと同じことなのです。荷物を下ろせば体重は元に戻ります。太ったのではありません。水という荷物が一時的に増えただけなのです。

血となり肉となっての本当の体重増加ではないのです。

ですから、水を飲んでも太るというのは、まったくの言い訳にすぎません。水を飲んで、いつまでも体重が増えたままであるならば、それは、浮腫《むくみ》というものです。飲んだ水は本来、すぐに汗になったり、おしっこになったりして体の外に出ていってしまうものです。それが出ていかずに体のなかに残ってしまうのですから、これはもう病気です。心臓か腎臓が悪いのではないでしょうか。早めに、医者に診てもらってください。

「水を飲んでも太るのです」この非科学的な言い訳をあなたも使っていませんか？　この言い訳の裏には「私はほんの少ししか食べていないのです。たくさん食べたから太ったのではないのです」という言い訳が隠されています。

本当にそうでしょうか？　太ったのは水のせいではありません。水に罪をかぶせないでください。太ったのは水以外の食物のせいです。そしてその食物を食べた、あなたが一番悪いのです。おなかがすいたら水だけ飲んでいればいいものを、水以外のものを口に運んだからそんなに太ったのです。

水はノーカロリー。これが科学的な考え方です。このことは大切なことですからよーく覚えておいてください。

その2　私は吸収がいいのです

「ちょっと太っていますね。もう少しやせましょう。食べすぎだと思いますよ」

「でも先生、食べすぎてなんかいません。きっとほかの人より私は吸収がいいのです」

この言い訳もよく聞きます。自分は人一倍吸収がいいので、ほんの少し食べても、すぐに血となり肉となるのだというのです。

本当でしょうか？　人の吸収力にそんなに差があるのでしょうか？

人間の吸収力にはほとんど差がないというのが、現代医学の定説です。

ですから、私は特別吸収がいいので、食べたものをほとんどカスも出さずに全部吸収してしまうと言って、肥満の言い訳にしている人は、ちょっと考えてみてください。

でもそう言うと、「やせの大食いというのがあるではないか」という反論があります。たしかにそうした事実もあります。私もそういう人を知っています。たくさん食べるくせにそんなに太っていません。むしろ、やせている部類に属するほどです。しかし、これに対する医学的・科学的な説明もちゃーんとあります。

まず、やせている人はよく動きます。小まめにチョコチョコと動きます。

そこでカロリーがどんどん消費されます。

太っている人は少しの動作にも機敏さがなく、ゆったりとしています。立ち上がるときにも、素早さがなくて、「ヨッコラショ」てな調子で、動作のすべてが緩慢です。動きたくないので横の物を縦にもしません。これでは運動による消費カロリーはほとんどないことになります。この運動による消費カロリーの多さが、やせの大食いの最も大きな原因になっているのです。

もう一つ、夜の睡眠時の消費カロリーを考える必要があります。

夜、寝ているあいだ、ギーギーギリギリと歯ぎしりをしたり、ガーガーゴーゴーといびきをかいたり、おまけにあれやこれやムニャムニャと寝言を言ったりする人は、そうでない人に比べて夜間の消費カロリーは断然多くなります。そのうえ寝相が悪くて、あちこちゴロゴロ転がっている人は、もっとカロリーの消費が多くなります。

夜間、このようなことをやせている人がするから、やせの大食いが誕生するのです。吸収のせいにしてはいけません。吸収はみんな同じなのです。

吸収が特別よくて太っているのではなくて、動かないのに、さらに食べているのが原因だということを知るべきです。

その3　私はそんなに食べていないのです

「もうちょっと体重を減らしましょう。食べたいでしょうが、すこーし我慢しようよ」

「でも先生、私はそんなに食べていないのです。本当ですよ」

自分はそんなに「食べてない、食べてない」という言い訳も、肥満者のあいだでは多い言い訳です。たしかに太っている割には小食の人もいます。

こういうタイプの人はその2でも述べましたが、動きが圧倒的に少ないのです。ですから小食でもすんでいるのです。

太っている人のなかには、身のまわりの物をみーんな自分の周囲において、動かなくてもいろいろ用が足せるようにしている人がいます。そして太っているものですからあまり歩きません。これでは、寝ているのと同じですから、わずかな量の食事ですみます。今の体重の維持量だけを食べているのですから、たしかに食べる量は少ないのです。

しかし、自分の体脂肪を減らすほど少なくはないので、体重が減らないのです。

これはまた逆に見ると、体重を維持するのには意外と少ないカロリー数ですむという証明にもなっています。言い換えると、そんなに食べなくても生きていけるのです。

しかし、実際には食べているのに食べていないような気になっている人が大部分です。食べないで太ったとしたら、その脂（肉ではありません。ほとんどは脂肪です）はどこから来たのですか？　空から飛んできて体のあちこちにベタッ、ベタッとついたとでも言いたいのでしょうか。空から肉が飛んできて、体につくなんて誰も思ってはいません。それなのに「食べてないのに太るのです」と言い張ります。

自分の体についている脂は、みんな自分の口から入った食事の結果なのです。口から食べたものがあふれて、まわりにベタベタと脂肪になってくっついているのです。

ですから「食べてないのにやせない、やせない」と言っている人は、食べすぎていることをもう少し自覚する必要があります。

食べていないという患者さんに質問します。

「今朝、何を食べました？」「小さなお茶わんにご飯一杯ですよ」

「おかずは？」「野菜サラダです」

「サラダに何をかけました？」「マヨネーズです」

このマヨネーズがくせものですね。野菜サラダに大さじ一杯のマヨネーズをかけたら、それはもう、お茶わん半杯のご飯を食べたのと同じ八〇カロリーです。

大さじ一杯というと、マヨネーズ容器からグジュッと絞り出した程度です。

もしサラダの上にグジュグジュッとかけたら、お茶わん一杯のご飯（一六〇カロリー）をのせたのと同じになります。そこで本人はノーカロリーのサラダを少々食べただけという自覚なのに、本当はご飯一杯分のカロリーをとったことになるのです。

現代の食物はこのように、一つ一つの食品が高カロリーです。そこで満腹ではない食べ方をしていると、とったカロリーは多いのに、「私はそんなに食べてない」となってしまうのです。

また、ある人は言います。

「そんなに食べてないのです。今日だってパン一枚ですよ」

そこで私はききました。

「そう、パン一枚ですか。パンに何をつけました？」

「バターです。その上にジャムも塗りました。バターとジャム、先生、これがおいしいのですよ」

六枚切りのパン一枚は、ご飯一杯と同じ一六〇カロリーです。それにバターを塗って、さらにジャムを塗っていますから、バターとジャムを合わせたカロリーはパン一枚に相当するでしょう。ですからパン一枚を食べたのではなく、パン二枚を食べたことになります。言い換えると、お茶わんでご飯を二杯食べたのと同じになります。

それなのに「パン一枚しか食べていない」となっているところに問題があるのです。食べていないのに太るということが本当にあるのなら、これは不思議なことです。しかし、そんなことはありません。食べているから太るのです。余計に食べているから余計に太るのです。

食べなきゃやせる、食べれば太る！

これが原則です。これが科学的思考です。

エネルギー不滅の法則というのが物理学にありますが、まさにそのとおりなのです。

その4　私は骨太なのです

「ちょっと太っていますね。少し体重を落としましょうよ」

「でも先生、私、脂肪は少ないのですよ。骨太なのです」

自分の体重は脂肪ではなくて、人一倍太い骨のせいだというのです。

そんな太い骨がありますかねえ？　私は骨の太さが体重に影響するほど太い骨などいまだかつて見たことがありません。外から触って明らかに骨がゴツゴツしていれば、私だって信じますが、そんな骨は見たことがありません。

プロレスラーの人たちが「俺は骨太なんだ」と言えば、私だって信じます。そりゃーそうでしょう、あれほど激しい運動をやっても骨折しないのですから。しかし、ただぶくぶくと太った普通の人が、その言い訳に「私は骨太なのです」と言ったって、私は信じることはできません。みなさんは信じますか？

「あなたの肥満は骨太なんかではなく、ただ脂肪がついてぶくぶく太っているのです」と証明するのは簡単です。レントゲンを一枚撮るのです。レントゲンには骨が写っていますから、骨が太いか細いかすぐにわかります。「でも私は骨太なのです」と言い張る人は是非、ご近所の医院でレントゲン写真を撮ってもらってください。

ＣＴやＭＲという機械でおなかを撮影すると、骨の太さと同時に体の脂肪の厚さもすぐにわかります。こういう機械で人間の体のなかをのぞくと、体についた余分の脂肪が肝臓のなかや心臓の周りや、あちこちについている姿が一目瞭然にわかってたいへん面白いものです。やせたあとの体と比較すると楽しいですから、一度、撮ってもらうといいでしょう。

その5　太る体質なのです

「やせたほうがいいですよ。食べる量をもう少し減らしましょう」

「でも先生、私、太る体質なのです。食べなくったってやせないんですよ」

たしかに、その人のお父さんも、お母さんも、兄弟姉妹もみんな太っているのならば、顔が似るのだから体も似たって不思議ではありません。太る体質も似たのでしょう。最近の研究では、太るのは太る遺伝子があるからだということがわかってきました。ですから「太る体質なのです」と言われれば、たしかに太る体質なのでしょう。太る遺伝子ももっているのでしょう。

しかし、だからといって、食べないのに太るということはないのです。太る体質の人が、必要以上にたくさん食べるから太るのだということを理解してください。遺伝子だけで勝手に太るのではないのです。

ここでも言えることは「食べれば太る、食べなきゃやせる」という物理法則です。体質、遺伝子は二の次なのです。太る体質をもちながらも、理性で、勇気で、食事をコントロールすることが大切なのです。理性をなくし、勇気も捨てて、ただむやみに食べれば、それは太るに決まっています。太る遺伝子をもっているのですからね。

天命と運命というものがあります。天命はどうしても変えられないものです。男に生まれたとか、女に生まれたとか、日本に生まれた、現代に生まれたというものです。これは、変えられません。こういうのを天命と言います。

運命というのは努力で変えられます。「太る天命なのです」ということはありません。太るということに天命は関係ないのです。「私は太る運命なのです」というのなら少しはわかります。少しはわかりますが、運命のせいにはしないでください。運命というのは自分の力、意志でどうにでもなることです。太る運命だからどうしようもないということはないのです。

天命にはそのまま安住しましょう。運命は努力でよいものに変えましょう。

その6　何をやってもやせないのです

「ちょっと体重が多いですね。もう少しやせないと今に倒れますよ」

「でも先生、私、何をやってもやせないのですよ」

何をやってもやせない？　それなら、こちらから聞きたいのですが、いったい何をどうやったというのでしょう？

そりゃあ世の中には、いろいろなダイエット法が五万とあります。りんごダイエットだってあるし、ミルクダイエット、こんにゃくダイエット、豆腐ダイエット、卵ダイエット等々、そのほか何々式痩身法というのもたくさんあります。耳に鍼《ハリ》を打つ方法だとか、ガムを噛む方法だとかたくさんあります。毎月のように新しいダイエット法が次々に出てきます。最近のトピックスは低インシュリンダイエットでしょう。

どれだってきちんと信念をもってやれば必ずやせます。この方法では絶対にやせないなどという方法はありません。

何をやってもやせないという人は、実はなにもやっていないのです。やっても、最後までやれなかったのです。いつも三日坊主だったのです。ですからやせないで今でも太ったままなのです。

私の方法でもいいし、そのほかの方法でもなんでもかまいません。その方法で最後まできちんとやれば、必ず減量に成功するはずです。「何をやっても……」なんて言うことは恥ずかしいですから、もう言うのはやめにしましょう。「何をやっても……」なんて言うのは、なんでも長続きしない、意志が弱い、三日坊主だということを宣伝しているようなものです。

やせるのに簡単な方法はなに一つありません。食べるということは本能です。そして体重を減らすということは本能に逆らうことになります。本能に逆らう行為は、とてもつらい、勇気のいる行為、行動なのです。ですから、強い意志と強い勇気が絶対に必要になります。

簡単にやせる方法など探しても絶対にありません。探すだけ無駄です。

少しの辛抱を最後までやってみましょう。そうすれば絶対にやせられます。

我慢をするには、プラス思考がおおいに役立ちます。

「そうだ！　自分には大きな力が備わっているのだ。やってやれないことはないのだ」

と自分自身に言い聞かせましょう。

その7　食べないと目がまわるのです

「太っていますね。食べたいでしょうが、もう少し我慢してやせましょう」

「でも先生、食べないと目がまわるのです。減量なんてとんでもないことですよ」

こう弁明して減食に抵抗する人もけっこういます。

「先生なんて、そこに座っているだけですが、私は力仕事をするのですよ。食べないと目がまわって仕事になりませんよ」

このように言う人に、外来の短い時間内で、そうではないと反論して納得してもらうのは極めて困難です。しかし、本当に食べないと目がまわるでしょうか？　目がまわるほど食べずにいたことなどないはずの人が、さも目がまわったことがあるかのように「目がまわる」「目がまわる」と言うのです。

食べなくても、短期間ならば力仕事は可能です。力仕事に必要なエネルギーは自分の体の脂肪からどんどん補給されるからです。脂肪エネルギーがある限り補給が続くのです。

一食でも食べないと目がまわる、力が出ないと言う人がいます。一食抜いたら、それこそ死んでしまうかのように言う人もいます。

でも、本当に目がまわり、力が出ないでしょうか？　科学的にはノーです。なぜかというと、口から食べなくても、動くのに必要なエネルギーは体に蓄えられているたくさんのエネルギー源から取り出されるからです。

一九九五年の八月に、沖縄の漁師の方が海上を四六日間漂流して千葉県沖で救助されたというニュースがありました。このあいだ、わずかな雨水と魚しか口にしませんでしたが、命には別状ありませんでした。そのかわり、体重は二〇キログラムほど減っていました。減った体重の二〇キログラムが漁師さんの命を救ったのです。

体重一キログラムは、ほとんど水と脂肪で構成されています。脂肪だけなら、脂肪一グラムは九カロリーですから九〇〇〇カロリーと計算しますが、体重一キログラムのなかには水分が二〇〇グラムほどありますので、七〇〇〇カロリー程度と計算します。そうすると体重二〇キログラムのなかには二〇×七〇〇〇＝一四万カロリーあることになります。つまり、この漁師さんは漂流中に自分の体から一四万カロリーのエネルギーを取り出していたことになるのです。

二〇〇一年八月にも、九州の漁師さんが千葉県沖まで三三日間漂流しました。わずかな食料でしたが立派に生き抜きました。冬季の富士山の山小屋に、四〇日あまり閉じこめられて助かった人の話もあります。体重が二〇キログラム減っていたそうです。フィリピンからアフリカまで二か月間も食べずに漂流したが、体重を二〇キログラム減らして助かった船長さんの話など、この種の話はたくさんあります。

これはすべて、体重一キログラムは七〇〇〇カロリーあることに基づいているのです。

標準体重より一〇キログラムオーバーの人は、一〇×七〇〇〇で七万カロリーも余分にもっていることになります。言い換えると、七万カロリー分のお弁当を持ち歩いていることになるのです。一食七〇〇カロリーのお弁当なら、七万カロリーというのは弁当一〇〇食分です。

ですから少々口から食べなくても、そのお弁当を体がひとりでに食べてくれますから、目もまわりませんし、力だって十分に出るのです。漂流するときのために大切にそのお弁当をとってあるのなら、とっておいてください。しかし漂流することはないだろうと思うなら、早くそのお弁当を食べてしまいましょう。

月の砂漠を、はるばるとー……。童謡「月の砂漠」です。

ラクダはまったく飲まず食わずで二週間も三週間も砂漠を歩きます。砂漠は灼熱です。ラクダは身軽に歩いているわけではありません。荷物を背負っているのです。人も乗せているのです。それなのに元気に歩きつづけます。たいしたものです。それができるのは背中にコブがあるからです。コブのなかは脂肪です。その脂肪のエネルギーを使いながら歩いているのです。それでもラクダは目がまわっていません。

人間も体のなかにラクダのコブにあたる脂肪をもっています。あなたも、下腹部や肩や頬や、脚にも腕にも、そのほか肝臓や心臓など内臓にもいっぱい脂肪をもっているはずです。この脂肪が動くときのエネルギーになってくれますから、目がまわらずに仕事が続けられるのです。

全然食べてはいけないなんて言っていません。ちょっと食事を減らしましょうと言っているだけなのです。ラクダと違って水を飲むな、などとも言っていません。水はどんどん飲んでいいのです。ラクダよりずっと条件がいいはずです。目なんてまわりませんから、がんばって食事を減らしましょう。

ラクダにできることが人間にできないはずはありません。さあプラス思考です。人間は万物の霊長ですからね。

その8　太っているから力が出るのです

「肝機能の数値が脂肪肝になっていますね。もう少しやせましょうよ」

「でも先生、太っているから力が出るのです。やせたら力が出ませんよ」

こう言って、反論する人も多いですね。

肝臓のなかに脂肪が入りこんで、いわゆる「シモフリ肝臓」になっている人が脂肪肝です。GOT、GPTなどという馴染みの検査数値が異常値を示しているのです。でもやせようとしません。働けなくなるというのです。

私は「やせましょう」と言いますが、これは「減量しましょう」という意味で使っている言葉です。標準体重になろうと言っているのです。なにも、必要以上にやせろとか、ましてやガリガリにやせなさいと言っているのではないのです。

太っているほうが力が出ると信じている人はたいへん多いものです。しかし、そうでしょうか？　筋肉質で体重のある人と、脂肪が多くて体重のある人ではまったく異なります。たいていの人は脂肪が多くて太っているだけですから、力にはなんにも関係ありません。太っている分だけ動作が鈍く、働くのに困るだけです。むしろやせ型筋肉質の人のほうがずっと力仕事に向いているのです。やせたら力仕事ができないなどというのはまったくのウソです。本当にそう信じて言い訳に使っているのなら、今後そういう言い方はやめて、筋肉質の体格で勝負してください。

その7にも関係しますが、ここでボクサーの減量についてお話ししましょう。

ボクサーが試合当日に計量にパスしたとか、しなかったとかいうニュースをときどき耳にします。パスしなかったということはほとんど聞きません。たいていの場合、計量にパスします。

しかし減量に苦しんだという話はよく耳にします。さてどれくらい減量するのでしょう。五キログラムや六キログラムはするようです。ときには、一〇キログラム以上の減量もあるようです。それを三週間とか四週間という短期間に減量するのです。ほとんど飲まず食わずで、しかも激しいトレーニングをしながら減量してゆくのです。そして試合当日に計量して所定の体重かどうか調べられるのです。

この計量にパスしなければ試合はできないのですから、必死に減量します。そしてパスしたならば、その夜、試合をするのです。計量にパスしたからといって、急にたくさん腹いっぱい食べたりしません。スッポンのスープくらいの軽い食事で試合に臨むのです。その試合というのは四二・一九五キロメートル走りつづけるマラソン以上に過酷だとされています。そのマラソン以上に過酷な試合を、減量に減量を重ねてきたその日にするのです。力が出ないなどという言い訳は決して言いません。立派に力が出ています。

ボクサーの減量の話を聞いたなら、これからは「食べないと力が出ない」だの、「目がまわる」だのと決して言えなくなるのではないでしょうか。

ボクサーはなぜそのような過酷な減量ができるのでしょうか。それは固い意志があるからです。試合をして有名になりたいとか、お金を稼ぎたいなどの強い意志があるからできるのです。要するにハングリー精神です。プラス思考の固まりです。

凡人が減食できないのは強い意志、ハングリー精神がないからでしょう。マイナス思考ではなにごとも決して成就しません。一食や二食抜いたってどうってことはないと思いましょう。むしろ、体重が減ってよかったよかったと思いましょう。プラス思考です。

その9　ホルモンのせいですね

「血圧も高いし、もう少しやせたほうがいいですよ」

「でも先生、なかなかやせられないのです。きっとホルモンのせいですね」

更年期前後の女性がよく使う言い訳です。こう言って私にホルモン説への同意を求めてきます。しかし残念ながら、同意するわけにはいきません。

もちろん、更年期の際にホルモンのバランスが崩れ、種々の症状が現われることは認めます。食べても食べても太れなかった人が、太ってくることもあるでしょう。

しかし、ホルモンだけを悪者にするわけにはいきません。いくら太るホルモンが出ても、エネルギー不滅の法則というのは厳然としてあるわけですから、食べなければ太りません。

ホルモンがいくらあってもそれだけでは太らないということは、考えてみればすぐにわかることです。ホルモンも関係するでしょうが、必要以上に食べているから太るのです。やせないのをホルモンのせいにしてもダメです。

更年期だろうと思春期だろうと、「食べれば太る、食べなきゃやせる」のです。

その10　友達が多くてね

「ちょっと太っていますね。もう少し食べる量を減らしましょう」

「でも先生、私、友達が多くてね。みんな、お菓子をもって遊びにくるんですよ」

この言い訳も多いですね。

飲むなと言うのに飲んでしまうアルコール依存症の人と、食べるなと言うのに食べてしまう肥満の人はいくつかの共通点があります。

酒の好きな人の言い訳にこういうのがあります。「仕事上、どうしても飲まなくてはならないのです」言いたいことは、わからないことはありませんが、やっぱり言い訳ですね。たしかに、自分も飲んで相手にも勧めて、はじめて酒の席が盛り上がるのでしょう。しかし、酒をまったく飲まない人が、営業に不向きかというとそんなこともありません。

飲めないので、話術を磨き、立派に酒席を盛り上げ、営業成績を上げている人は何人もいます。「仕事上、どうしても飲まなくてはならないのです」は、のんべーの言い訳なのです。要するに、自分が飲みたいのです。アルコールに負けているのです。アルコールに対してマイナス思考なのです。プラス思考ができていないのです。

同じように考えると「友達が多くて、つい食べてしまうのです」というのも言い訳ですね。マイナス思考です。友達が無理やり食べ物を口に押しこむならしょうがないですが、そんなことはないでしょう。結局、自分が自分の口に食べ物を運んでいるのです。

みんなといっしょに一つお菓子を食べたのなら、「減食中なので私はもうけっこうです。どうぞみなさんは遠慮しないで食べてください」と言ったらどうでしょう。そうするのがプラス思考ですよ。もしも、どうしてもみんなといっしょに食べなければならないのなら、その前後の食事を減らすか、絶食すればいいのです。

お菓子が悪いのでも、間食が悪いのでもありません。悪いのはあなたのいやしい口なのです。そして、悪いのは一日の総カロリーが多いことなのです。

三度三度の食事はしっかり食べて、そのうえ、友人とのおしゃべりのときもしっかり食べるというのでは、とうてい減量は無理ですね。

小学校五年生のちょっと知恵遅れの男の子を減量させたことがあります。

あるとき、外来で「ボクー、ちょっと太りすぎだね。食べるのをすこーし我慢しようよ」と言ったのです。そうしたら数か月後、立派に減量してきました。

その子のことを近所の人が感心していました。というのは、その子が自宅に遊びに来たので、お菓子やジュースをあげると、「僕、食べないんだ。先生と約束したんだもの」と言って一つも口にしなかったそうです。えらいものですね。脳の発達がちょっと遅れていますが、決して精神の薄弱者ではありませんでした。意志強固な男の子だったのです。

子どもだって友達がいるのです。子どもだって子ども同士の付き合いがあるのです。そのなかで食べないで友達づきあいをしているのです。大人が、友達が多いので減量できませんと言ったら恥ずかしいですね。私はこの子のために表彰状を作り、待合室のなかで表彰しました。

その11　やせると顔にしわができるのです

「少し体重が多いですね。もうちょっとやせましょうよ」
「でも先生、やせるとしわができるでしょう」
こう言って、やせようとしない人がいます。

ぷっくらとふくらんでいる顔もいいものです。ふくよかで、なんとなく頼りがいがあって。しかし、命をかけて「ふくよかさ」を保たなくてもいいのではないでしょうか。

たしかに、減量に成功すると体中の脂肪は減りますから、顔だって張りはなくなります。しかし顔のしわと肥満、どっちが美容上問題でしょうか？

人にはそれぞれ考え方がありますから、顔のしわだけを気にしてもいいのですが、肥満のほうが美容上、問題ではないでしょうか。太っているということは命を縮めることでもあります。顔のしわを気にしているあいだに命がなくなったらどうしますか？　命があるから顔だってあるのではないでしょうか。

その12　太っていても長生きの人がいます

「もう少しやせたほうがいいですよ。ちょっと太りすぎですね」

「でも先生、太っていても長生きしている人がいますよ。太っていても命には関係ないのではないですか？」

こう言って反論してくる人がいます。内心はやせたいと思っているのにやせられないので、太っていることを正当化して自分に納得させようとしています。いじらしい姿です。

しかしもう一度考えてください。

たしかに、太っていても長生きして本当に元気な人はいますね。酒は飲むし、タバコは吸うし、それによく食べて太っています。寿命が短いかというと、元気で長生きしている人がいます。

しかし、こういう人は特別な人なのです。特別な人を見て、あの人も長生きしているから自分も元気で長生きできるだろうと思ったら、それは大間違いというものです。それでは、あなたは特別な人なのですか？　と反論したくなります。たいていの人は特別な人ではなく普通の人なのです。いや、ひょっとすると普通以下かもしれませんよ。

マラソンを例にとってみましょう。

優秀なマラソンのランナーは、四二・一九五キロメートルを二時間一〇分前後で走っていきます。こういう人は特別な人だからできるのです。みなさんは一〇キロメートルはおろか五キロメートルも走れないのではないでしょうか。ましてや二〇キロメートル、三〇キロメートルはとうてい無理でしょう。

普通の人はいくら練習してもマラソンの距離を二時間一〇分では決して走れないでしょう。それが普通の人というものなのです。

肥満も同じことです。酒を飲んでタバコを吸って、食べたいだけ食べて、そしてうーんと太っていても長生きしている人は特別な人なのです。そういう特別な人を引き合いに出してきて「太っていても長生きする。だからやせる必要はないのだ」というのは暴論というものです。

自分は普通の人、もしくは普通の人以下だということを自覚することが大切なのです。普通の人、普通以下の人は太っていたのでは決して長生きできません。

その13　夜遅く食べるからですね

「太っていますね。ちょっと食べすぎだと思いますよ」

「でも先生、そんなに食べていません。きっと夜遅く食べるからですね」

こう言う人もけっこう多いですね。

同じように「食べる時間が不規則なのです」と答える人もいます。

夜遅く食べようと夕方早くに食べようと、太ることとはほとんどの場合、なんの関係もありません。夜遅く食べるから太るのだという人は、夜遅く食べると吸収が増すと思っているようです。または夜遅く食べると、それが脂肪に変わりやすいと思っているようです。

そんなことは決してありません。

もしもそれが事実なら、深夜労働する人はみんな太っていなくてはなりません。食べる時間と肥満とはほとんどなんの関係もないのです。

一日の総カロリーが問題なのです。夜遅くに、カロリーの多い食事を腹いっぱい食べるから太るのです。カロリーの少ない食事を腹八分目に食べていれば、夜遅く食べたって太るはずはありません。

食べすぎているから太るのです。また、食べすぎているからいっこうにやせないのです。夜遅く食べているからやせないのではないのです。

同じように「食べる時間が不規則だから太るのです、やせないのです」という言い方も科学的ではありません。不規則な時間に食べても食べすぎなければ太らないし、少量食べていればやせていきます。

それとも夜遅く食事をしたり不規則な時間に食べたりすると、一〇〇〇カロリーのものが二〇〇〇カロリーになるとでも思っているのでしょうか。一〇〇〇カロリーはいつ食べても一〇〇〇カロリーです。決して二〇〇〇カロリーにはならないのが科学です。

一日の総カロリーが問題なのです。食べたカロリー以上にカロリー数が増えることは決してないのです。

その14　運動していませんから

「また太りましたね」と私が言うと、「ええ、運動していませんから」とか「ええ、最近、動きませんからね」と答える人がいます。

みなさんのなかにもこういう言い訳を当然のように使っている方がいませんか？　使っている方は「え、なぜ？　どこが間違っているの？」と思っているでしょう。間違ってはいませんが、少し違っているのです。

たしかに運動という行為は、体に蓄えたエネルギーを使うことですから体重減少につながります。動けば動くほどエネルギーの消費になります。

動けばやせる、寝ていれば太る。これも真実です。ですから動かないから太ったというのは決して間違っていないのです。

しかし、太ったのは「食べたから」ではないでしょうか。

動かないのに、必要以上に「食べたから」エネルギーが体に蓄えられたのではないでしょうか。動かないから、運動をしなかったから太ったとか、やせなかったというのは裏を返せば「私は食べたのではありません」ということを言いたかったのでしょう。

太っている人は食べることに少々罪悪感をもっていますから、食べたから太ったとは決して思いたくないのです。食べたことに原因を見いだすのではなく、動かなかったことに太った原因をなすりつけたいのです。

気持ちは痛いほどわかりますが、やっぱり言い訳であることに違いはありません。動かなくても食べなければ肥満にならなかったことは明らかです。

食べれば太る、食べなきゃやせる！　これは科学的事実です。

食べたから太ったのだという自覚をもちましょう。それがダイエットの成功につながるのです。

その15　主婦には無理ですよ

「ダイエットなんて主婦には無理ですよ」と言うので、「えっ？」と、おもわず聞き返しました。言っている意味がわかりませんでした。そういう言い訳は聞いたことがないので、一瞬返答に困ってしまいました。

「主婦は食事を作るのです。いつでも目の前に食事があるのに、ダイエットしろと言ってもそれは無理ですよ」と言うのです。

なーるほど、いろいろな理由があるものだなーと思いました。でも、これもまったくの言い訳ですね。食事を作るから減量できないとすると、世の中の主婦という主婦はみんなダイエットできないことになってしまいます。食事を作るのはなにも主婦だけではありません。独身の男性だって女性だって、ひとりで食事を作っている人はたくさんいます。

フランス料理のコックさん、和食の調理人だって世の中にはたくさんいます。その人たちがみーんな減量できないという話は聞いたことがありません。目の前に日常的に食事、食物がある人たちはほかにもたくさんいます。みーんなその誘惑と闘っているのです。その10で書きました知恵遅れの男の子もおやつと闘ったのです。主婦だからできないというのは、やっぱりただの言い訳ではないでしょうか。

言い訳はマイナス思考です。自分で言っていても決していい気持ちはしていないはずです。しゃべる言葉はいつでもプラス思考にしましょう。他人が聞いていても、気持ちがいい言葉、それはプラス思考の言葉です。さあ言い訳はきっぱりやめてプラス思考で減量に進みましょう。

2章　体重とカロリーの関係を理解しよう

標準体重の出し方

やせなさい、やせなさいと言われても、どれだけやせればいいのでしょうか？　やせるというと、体重が極端に少ない貧相なイメージが湧いてきます。やせるという言葉が悪いので、言葉を変えましょう。「やせ」の体重になるのではなく、「体重を落として標準体重にしましょう」ということなのです。

では、どれだけ体重を落として、何キログラムにすればいいのでしょうか？　計算するのが面倒だという人は単純に身長（cm）から一〇三を引けばいいでしょう。身長が一五五cmの人なら一五五引く一〇三ですから五二。五二キログラムを目標にしましょう。

もっときちんと標準体重を計算したい方は、次の式で計算してください。

身長（m）×身長（m）×二二

たとえば身長一五五cmの人は一・五五×一・五五×二二ですから、五二・八五五キログラムです。これはBMI（ボディ・マス・インデックス Body Mass Index）という計算の仕方です。現在はほとんどこの計算式で計算されています。

糖尿病や高血圧の方は、この計算式で計算し、厳密に標準体重にすることが望ましいと思います。しかし普通の健康な方は、身長から一〇三を引いた、いわゆる少々小太り程度でもかまわないでしょう（ただし身長が一五四㎝以下ならば、一〇三を引いた値のほうがBMIで出す値よりも小さくなります）。それくらいのほうが長生きしているというデータもあるからです。

体重一キログラムは七〇〇〇カロリー

この項は科学的ダイエット法の中心ですので、よーく理解してください。

体重一キログラムは七〇〇〇カロリー（七二〇〇という説、七五〇〇という説もあります）というのはどういうことなのでしょうか?

体を構成しているものには筋肉、骨、水、脂肪などがあります。

肥満というのは、そのうちの脂肪の部分を指しています。脂肪だけならば、脂肪一グラムがもっているカロリーは九カロリーですので、体重一キログラム（一〇〇〇グラム）は九〇〇〇カロリーと書くべきです。

しかし人間の体の脂肪は、脂肪だけではなく水分も含んでいます。そこで肥満に関しては、体重一キログラムは七〇〇〇カロリーと計算します。

標準体重より一〇キログラムオーバーなら、一〇×七〇〇〇＝七万です。つまり七万カロリー分の余分なエネルギーをもっているという計算が成り立ちます。そこで一〇キログラム体重を落としたい人は、七万カロリーを体から取り出せばいいのです。

一キログラムでいいのなら、七〇〇〇カロリー取り出せばいいわけです。

さてここで、七〇〇〇カロリーを何日かかって体から取り出すのか。

言い換えると、何日かかって体重を一キログラム落とすのか。

人にはそれぞれ向き不向きがあります。短時間で一挙に解決したい人もいるでしょう。そうではなくて、ゆっくりとやりたい人もいるでしょう。その人に合ったやり方を考えるといいと思います。

一キログラム（すなわち一〇〇〇グラム）を一挙に一〇日間で落としたいと考えたら、一〇〇〇グラム÷一〇日＝一〇〇グラム。一日に一〇〇グラム落とす必要があります。

体重一キログラムは七〇〇〇カロリーですから、体重一〇〇グラムには七〇〇カロリーのエネルギーがあります。そこで一日に体から七〇〇カロリー取り出せばいいのです。体から七〇〇カロリー取り出すとは、口から入る分を七〇〇カロリー減らすということです。

しかし、そうは単純ではないのがダイエットです。

あなたがふだん、何カロリー摂取しているのか、あなたに必要なカロリー数はどれくらいなのかを前もって知っておく必要があります。

もしも、一日動くために一八〇〇カロリーあれば十分なのに、二五〇〇ものカロリーをとっているのならば七〇〇カロリー減らしただけでは体重は減りません。

七〇〇カロリー減らしただけでは一八〇〇カロリーですから、まだ体重を維持するのに十分なカロリーを摂取していることになります。そこで、もう七〇〇カロリー減らす必要があります。つまり今食べている二五〇〇カロリーではなく、一四〇〇カロリーマイナスの一一〇〇カロリーで一日暮らせば、一〇〇グラム体重を落とすことができる計算が成り立ちます。

今、一日にとっているカロリーが二五〇〇カロリーではなく一八〇〇カロリーならば、一日に七〇〇カロリー減らせば一〇〇グラム落ちることになります。

この計算を十分理解してください。これが科学的なダイエット法なのです。

それには、一つ一つの食品がどれくらいのカロリーをもっているのかを知る必要があります。何を食べたら何カロリー口に入ったのか、何を食べなかったならば何カロリー減らしたことになるのか、その計算をすることが科学的なダイエットなのです。

カロリー計算を覚えましょう。これは決して難しいことではありません。栄養士さんでなくても十分理解できます。食物に興味をもっている女性なら、なおさら理解は早いでしょう。もちろん男性にも十分できます。

ここで、「そんなことは私にはできない」とか、「私には無理だー」などと言う人がいたら、それこそがマイナス思考というものです。

「よしやってみよう！」と思えばプラス思考です。

始める前から「ダメだー」とか「そりゃ無理だよ」などと言うマイナス思考がその肥満を産んだのです。そんなに難しいことはこの世の中にはないものです。他人にできて自分にできないことなど、そうはないものだと思いましょう。なんにでもチャレンジです。プラス思考です。

この本にも、食品のカロリーを載せてありますが、テキストは日本糖尿病学会編集の『食品交換表』（文光堂）が便利だと思います。

最近では、街のファミリーレストランのメニューにもカロリーが表示されています。これからは興味をもって眺めてみるといいですよ。コンビニのお弁当にも、サンドイッチにも、缶ジュースにもカロリーが記載されています。こういうものでも気軽に勉強できます。

体重維持に必要なカロリーの計算

自分にとって一日に必要なカロリーはいくらぐらいか? これを知る必要があります。それ以上とりすぎていれば、カロリーオーバーとなりオーバーした分は脂肪に変換されて体に蓄積されます。これがいわゆる体重オーバー、肥満となります。

自分にとっての必要なカロリーを下まわれば体重減少になります。これがいわゆるやせていくこと、肥満者ならダイエット成功となるわけです。

これにはおおざっぱですが、計算式が用意されています。

軽労働の人ならば、自分の体重一キログラムあたり二五〜二九カロリーと計算します。軽労働というのはデスクワークの人、ほとんど肉体労働をしない人です。昔の主婦と違って現代の主婦にはほとんど肉体労働がありません。洗濯は電気洗濯機がしてくれます。掃除は電気掃除機です。買い物は車で出かけます。重い物を持つ機会はありません。万歩計をつけてもらうと、だいたい一日二〇〇〇〜三〇〇〇歩です。こう見てみると、主婦の半数以上はこの軽労働に入れてもいいのではないでしょうか。

医者である私は体重×二八カロリーくらいだと思います。やっぱりデスクワークが中心です。たまに立ち上がっておなかを診察したり、車に乗って往診に行ったりするだけですから間違いなく軽労働でしょう。しかしまったくのデスクワークではありません。それなりに動いているので、×二五ではなく×二八くらいが私の必要カロリーのようです。体重は六三キログラムなので、計算すると六三×二八で一七六四カロリーになります。

体重六〇キログラムで、あまり動かない人なら、少なめに見積もって二五をかけてみましょう。六〇×二五で一五〇〇カロリーとなります。一日の必要カロリーは一五〇〇カロリー。意外と少ないものなのです。もちろん個人差はありますが。

一日中立ち仕事や、営業で歩きまわっているならば、中労働でしょう。そういう人は、体重に三〇～三五をかけてみてください。それがあなたの一日に必要なカロリーです。

それでも現代人は三五をかけるような労働をしている人は少ないと思います。せいぜい三一か三二だと思います。これもダイエットを科学的にするためには大事な指標ですからよく理解してください。

同じ人でも体重が一〇〇キログラムのときと、六〇キログラムになったときでは、必要なカロリーは違ってきます。一〇〇×二五と計算していたときの必要カロリーと比べると、ダイエットに成功して六〇キログラムになったときは、六〇×二五ですから一〇〇〇カロリーも少ないのです。

3章　減食のつらさを少しでも和らげる方法

減量で、何が大切といって「減食」ほど大切なものはない、と前に書きました。そうです、減食が最重要です。しかし、食べることが大好きな人にとって減食ほど難しいものはありません。その難しいものをできるだけ実行可能なように整理してみました。

これからいくつかの方法を述べます。しかし読んだだけではやせないことも事実です。読んで、実行しなくてはなりません。実行してはじめて減量という喜びが得られるのです。それには少々の我慢が必要です。

「なーんだ、読んだだけでやせられると思ったのに」と言う人がいるかもしれませんが、そういう人には申し訳ありません。読んだだけでは減量には成功しません。少々我慢をしながら、そして実行しなくてはダメなのです。実行する意志や、我慢はプラス思考を実践することで生まれてくるはずです。

一度読んだだけでは実行に移す気にならなかったら、せっかく買ったのですから二度、三度と読んでください。そしてあなたに合った方法だけをいくつかひろって実行してみてください。方法のすべてを実行する必要はありません。一つか二つでも実行に移せたら、数か月後には立派に減量に成功しているでしょう。

1　言い訳を言わないこと

第1章に書きました「言い訳」をよく理解してください。

あなた自身、そういう言い訳をしていませんか？

「水を飲んでも太るのです」などというマイナス思考はもう言わないでくださいよ。恥ずかしいですからね。そういう言い訳をしているあなたを、みんなは冷やかな目で見ているのだということを理解してください。決して「そうだそうだ。水を飲んでも太るのだからしょうがないよ」などと賛同していません。「食べちゃダメだ」と何回言ってもすぐ食べてしまう意志の弱い人だと思っているだけなのです。

言い訳をいくら並べても自由ですが、言い訳を言ってもやせられません。言い訳はすればするほど自分が惨めになるだけです。言い訳がいかに非科学的なものかを理解して、もう言い訳はやめにしましょう。それだけでもちゃんとやせられるはずです。それだけでも立派なプラス思考の実践者です。

言い訳はマイナス思考です。これは肥満だけではありません。どの分野にも当てはまります。言い訳を言わないだけでもずいぶんと人間は変わるものです。言い訳を言わないようになると周りの人の見る目も違ってきます。いつも言い訳を言う人と、決して言い訳を言わない人では、その評価は大きく異なります。

言い訳はやめましょう。

さあマイナス思考をプラス思考に切り替えてダイエットを始めましょう。

2　カロリー計算を覚えよう

それぞれの食品には、それぞれのもつカロリーがあります。

高カロリーのものもあれば、いくら食べても太らない低カロリーのものもあります。どの食品にはどれくらいのカロリーが入っているのか、これを知っているのと知らないのとでは、やせるうえで大きな差が出てきます。

納得しながらやせられるか、それとも苦労した割にはあまりやせられないか、大きな違いが出てきます。

どうせやるなら、あまり苦労せずに、やっただけの甲斐があることをしたいものです。

なにごとも「智は力」です。このことはやせるために努力している人にも当てはまります。カロリー計算を覚えること、これがやせたい人にとっての「智は力」なのです。

一日の総カロリーを何カロリーと決めたら、それを守らないといけません。守ると、確実にやせることができるのです。

しかし守りたくても、食品一つ一つのカロリーが計算できなくては、お話になりません。ご飯一杯食べたら、それは何カロリーなのか、知らなくてはどうしようもありません。正確に一六〇カロリーと計算するか、いいかげんに二〇〇カロリーや一二〇カロリーと計算するかでは、まったく違ってきます。

おやつに食べる、せんべいのカロリーをきちんとわかっているか、まったくわかっていないかでは、これまた大きな違いが出てきます。ちょっとつまんだピーナッツが、意外に高カロリーなのを知っているのと知らないのとでは、大きな差が出てきます。

ノーカロリーだと思ってバクバク食べていた野菜サラダが、マヨネーズのためにかなりの高カロリーになっていることを、知っているのと知らないのとでは、まったく違ってきます。パンは何カロリーか、果物は何カロリーか、外食で食べたお寿司は何カロリーか、飲んだコーラは何カロリーかを、十分知っているのと知らないのとでは、まったく成績が違ってくるのは当然です。

自分の食べているものが何カロリーなのかを十分正確に知って、納得しながら確実にやせましょう。

この本でもかなりたくさんの食品について、カロリー数を覚えることができますが、これでは不十分です。日本糖尿病学会が編集した『食品交換表』（文光堂）を是非購入してください。本屋さんに注文してもいいし、お近くの病院の窓口で聞いてみるのもいいでしょう。たいてい置いてあると思います。そしてこれをパラパラとめくってください。非常にわかりやすい本ですからパラパラでいいのです。二、三日もあれば十分理解できると思います。

友人が中くらいのみかんを四つも五つも食べています。そこで、カロリー計算を覚えたあなたはすかさず注意をしてあげましょう。「みかんだって太る原因よ。それだけ食べればご飯をお茶わん一杯食べたのと同じよ」って。

骨粗鬆症《こつそそうしょう》の予防にいいからといって、牛乳を一日に一リットルも飲んでいる人にも言ってあげてください。「牛乳をそんなに飲んだら、それはご飯を四杯も食べたのと同じだよ」友達はきっとあなたの物知りに驚くでしょう。

やせるのにビール酵母がいいと聞いて、さっそく始めた人がいます。しかしビール酵母は苦いので、そのままではとても飲めません。そこでヨーグルト（一二〇グラムで八〇カロリー）を混ぜました。そしてだんだんその量が多くなって、最近ではどんぶり一杯のヨーグルトになっているとのことです。どんぶり一杯のヨーグルトを食べながら、どうしてやせないの、どうしてやせないのと言っています。

みなさんもおかしいと思うでしょう。ヨーグルトはノーカロリーではないのです。どんぶり一杯のヨーグルトはお茶わんに山盛り一杯のご飯と同じです。そしてさらにビール酵母にもしっかりカロリーがあるのです。ビール酵母は一〇グラムで約三〇カロリーです。かなり高カロリーです。いくらビール酵母がいいといっても、これではやせるはずがありません。

これは、どんぶり一杯のヨーグルト、そしてビール酵母がどれだけのカロリーをもっているか知らないからでしょう。「科学的にダイエットしましょう」「科学的にやせましょう」と言うのは、こういう患者さんがたくさんいるからなのです。

すると「私はもう歳《とし》だから、今さらそんな難しいことはできません」と言う人がいます。こういう人をマイナス思考の人と言います。新しいものに挑戦したり、新しいものを覚えたりするのに年齢は関係ありません。意欲です。プラス思考です。「カロリー計算くらいなんだ！」というプラス思考がない人は、決して減量に成功しないでしょう。

七〇歳になっても、八〇歳になっても新しいことに挑戦する人はたくさんいます。その反面、五〇歳や六〇歳なのに「私は歳だから」と言う人がいます。一〇〇歳になったら「歳だから」と言ってもかまわないでしょう。それまでは歳の話はやめにしましょう。気持ちはいつでも一八でいて、他人に「歳甲斐もなく」と言わせるくらいなんにでもチャレンジです。さあプラス思考、プラス思考。カロリー計算は面白いですよ。

3　一日あたり一二〇〇カロリーで始めよう

カロリー計算を覚えたら、一日の食べる量を決めましょう。たぶん、今は二〇〇〇カロリーとか三〇〇〇カロリーとか、たくさん食べていると思います。たくさん食べているからやせられないのです。そこで、今の体重を維持するカロリーよりも、少しカロリーを減らすと必ずやせます。

今の体重をそのまま維持するカロリー数は、第2章でも述べたように、その人の労働によって違いがあります。重労働でない限り、体重×二五～三〇カロリー程度です。ですから六〇キログラムの人なら、多く見積もっても六〇×三〇カロリー＝一八〇〇カロリーです。一八〇〇カロリー食べていれば太りもしませんし、やせもしません。体重は今のまま維持されるはずです。一八〇〇カロリー以上食べるから太っていくのです。

一八〇〇カロリー以下ですと少しずつ体重が落ちていきます。そこで一七〇〇カロリーでも一六〇〇カロリーでもいいのですが、それではいつになっても、なかなか体重が減らないので、そのうち嫌になってしまうでしょう。

そこで大部分の医師は、一日あたり一二〇〇カロリーにしましょうと指導しています。

私も一二〇〇カロリーがいいと思います。一二〇〇カロリーですと、一、二か月続けたら目に見えて体重の減っていくのがわかります。まわりの人も「あれ、やせたのではない？」と気づくようになります。他の人に気づかれるほど、嬉しいことはありません。そこで一二〇〇カロリーにしましょうと言うわけです。

もちろん、人にはそれぞれ性格がありますから、ゆっくりと一年かけて体重を落とそうと思う人もいるでしょう。そういう人は一五〇〇カロリーとか一六〇〇カロリーにしてもかまいません。

また、もっと早く体重を落としたいと思う人もいるでしょう。そういう人は一〇〇〇カロリーでも八〇〇カロリーでもかまいません。六〇〇カロリーだって五〇〇カロリーだっていっこうにかまいません。一挙に体重を落とすと体に悪いと言う人がいますが、そんなことはありません。減量できない人に限ってそう言うのです。そんなことを言うのはマイナス思考なのです。心配ありませんから、やれる人はやってみましょう。ボクサーはみんなやっています。ボクサーにできることがあなたにできないことはないでしょう。プラス思考です。

しかしそうは言っても、大部分の人には一二〇〇カロリーくらいがちょうどいいと思います。『食品交換表』をよく見てもらうと、一二〇〇カロリーというのは意外に食べられることがわかるでしょう。

ご飯だけなら、お茶わんで八杯です（一六〇カロリー／一杯として計算します）。ご飯を朝一杯、昼も一杯、夜は二杯食べて、残りは六〇〇カロリーもあるのですから、おかずや果物、お菓子だって食べられます。一二〇〇カロリーというのは意外にたくさん食べられるのだということを理解してください。そうして一二〇〇カロリーをきちんと守って三か月、四か月と続けてみてください。素晴らしい効果が出てきます。

しかし一二〇〇カロリーで始めましょうという対象者は、現在の体重が八〇キログラム以下の人です。一〇〇キログラムもある人、ましてや一五〇キロも二〇〇キロもある人には当てはまりません。

そういう人の場合は、一二〇〇カロリーではとてもつらいダイエットになってしまうでしょう。一〇〇キログラムも体重がある人は、そもそもその体重を維持するのに二五〇〇～三〇〇〇カロリー必要としています。それなのに一二〇〇カロリーしか食べないのではあまりにも少ないからです。

一〇〇キログラムの人ならば、はじめは一日あたり二〇〇〇カロリーで始めるといいでしょう。二〇〇キログラムの体重がある人なら、三〇〇〇カロリーで始めるくらいがちょうどいいでしょう。そうして体重が減ってきたら、少しずつ一日あたりのカロリーも落としていきます。

体重が八〇キログラムになってきたのにまだ二〇〇〇カロリーも食べていると、体重はなかなか落ちてきません。八〇キログラムになったら、一日あたり一五〇〇カロリーほどに落とすのが賢明でしょう。

4 カロリーの少ないものを食べよう

カロリー計算を覚えたら、これを上手に使うことが大切です。

カロリー計算がいくらうまくできても、それを使ってダイエットを実行しないと、なにもなりません。

これは石の橋の安全性は十分にわかったのに、渡らずに橋の前でいつまでもたたずんでいるのと同じです。安全だと判断したのですから、渡るということを断行しなくてはなりません。カロリー計算という判断力があっても、ダイエットを実行するという断行力がないと、いつまでもやせられません。断行力がない人は何をやってもうまくいかないでしょう。この断行力は「プラス思考」から生まれます。

自分には断行力がないと思う人は、努めてプラス思考を学んでください。

ダイエットを実行するということは、カロリーの少ないものを選んで、食べることです。太っている人は、とにかく食べたい、それも腹いっぱい食べたいものです。腹いっぱい食べて、満腹感を味わって、それでもやせたいという人は、カロリーの少ないものを選んで食べることが必要です。

少し食べただけでも高カロリーのものは、極力避けなくてはなりません。

酒のつまみにピーナッツなんてとんでもありません。ピーナッツは一三粒も食べれば、お茶わんでご飯を半杯食べたことになります。そんなことをしたら一二〇〇カロリーはたちまちなくなってしまいます。それではもったいないので、たくあんでもバリバリかじっていたほうがずうっとカロリー的には得です。たくあんは、ほとんどノーカロリーですから、いくら食べても太りません。

おかずで、おなかいっぱい食べてもカロリーの少ないものは、煮た野菜です。それも葉っぱの多いものや、大根などがいいですね。これらはいくら食べても、ほとんどノーカロリーですから安心して食べることができます。こんにゃくなんかもいいですね。

そういう意味では鍋物が最高です。鍋の中身は白菜をはじめとする葉っぱの野菜、しらたき、こんにゃく、たけのこ、しいたけ、こんぶなどです。これらはほとんどノーカロリーですから、どうぞ腹いっぱい食べてください。ついでにおつゆもガブガブ飲んでくださ い。そうして満腹感を十分楽しんでください。間違ってもはんぺん(一個で八〇カロリー)、ちくわ(半本で八〇カロリー)、さつまあげ(中一個で八〇カロリー)などの練り物、卵(一個で八〇カロリー)は食べないようにしましょう。これらは意外に高カロリーなのです。

牛乳を水がわりに飲んでいる人がいますが、やせようとしているときには、やめましょう。のどが渇いたのなら、水にしましょう。

牛乳そのものがいけないと言っているのではありません。牛乳はすばらしい食品ですからおおいに利用することが大事です。しかし牛乳(一二〇㎖でご飯お茶わん半杯と同じ)は、高カロリー食品ですから、飲めば飲むだけドンドン太る原因になるのです。

骨粗鬆症《こつそそうしょう》が心配だからといって牛乳を飲んでいる人もいます。そういう方は標準体重になったらもう一度牛乳を飲みはじめてください。それまでは、しらす干しか煮干しでもかじっているのがいいでしょう。

このように、カロリーの多いものを控え、カロリーの少ないものを努めて選んで、食べたり飲んだりするのがやせるための第一歩です。

5　今日一日の食事計画をたてよう

一日あたり一二〇〇カロリーと、決めたとします。これをどのようにふりわけるのか。このふりわけを朝食を食べる前に決めましょう。

たとえば、朝は二〇〇カロリー、昼は四〇〇カロリー、夜は六〇〇カロリーなどと決めるわけです。そうして、これにそって一日、食事をするのです。

午後、誰かと会って、どうしても食事をしなくてはならないというスケジュールがあるならば、昼食は抜いてしまうか、ごくごく軽いものにしておきましょう。

夜に宴会があるとわかっている日は、次のようにしましょう。宴会ですからおいしいものも出るはずです。その宴会を、食事制限をしているからといって欠席してはいけません。その宴会に楽しく出席しましょう。そして、おいしいものをしっかり食べましょう。もちろん一二〇〇カロリーの範囲で、です。そのためには、今日一日の食事計画をたてます。言うまでもなく、朝も昼もごくごく軽いものだけにするのです。

食事制限をしているからといって、人との調和を崩す必要はありません。

自分のほうで一日の食事計画をたててゆけば、人との付き合いも可能になります。また、余計に食べてしまったときも、他人のせいにしなくてすみます。食べてしまったことを、よく、人のせいにしている人を見かけます。これは恥ずかしいことですからやめましょう。今日は、お客さんがあったから食べてしまったとか、人に会ったから食べてしまったとか、自分がいやしくて、自分が意志薄弱だから食べてしまったものを、まるで人が無理やり食べさせたかのように言います。はたで聞いていると、まったくおかしくなってしまいます。

食べすぎたのは自分のせいだということを、謙虚に認めましょう。そうすれば、そういう人はこれからドンドンやせることができるでしょう。食べすぎたのは、食べさせたあの人が悪いのだと、いつでも人のせいにしている人は、これからも何をやっても決してやせられないでしょう。

食べることを選んだのは誰でもない、自分なのだ！　この認識が大事なのです。

さあ、一日の計画をたてて今日も減量に励みましょう。

6　食べたくないものは残そう

最近は食料がたいへん豊富です。人々は、惜し気もなく余った食料をどんどん捨ててしまいます。また、食事を平気で残します。もったいないなどという気は毛頭ありません。

これは食料が豊富というだけでなく、人々の心もすさんできたからでしょう。

食べ物を捨てても、なんら罪悪感をもたないのです。それどころか、捨てることに優越感さえもっているようです。「もったいない」などと言おうものなら、ケチと思われる世の中です。まじめが茶化される世の中が、ここにも現われています。

しかし、やせようとしているあいだは、私たちもこの悪い風潮に目をつぶりましょう。目をつぶるだけでなく、むしろ積極的に取り入れましょう。太っている人はとかく食べ物を大事にする傾向があります。大事にするのはいいのですが、それをみーんな自分の体に入れてしまうからいけないのです。

ここは一つ、思い切って残しましょう。もう一口か二口で全部食べてしまえると思っても、ここはぐっとこらえましょう。ここをこらえずに「えーい！　食べてしまえ」と口に入れてしまうところに、肥満の大きな原因があるのです。減量のためには目をつぶって、もったいないけれども捨ててしまいましょう。

家庭では、子どもが残したものや、旦那が残したものなどいろいろな残り物があります。捨てるのはたしかにもったいないことです。もったいないので取っておいて、次の食事に出すのなら、たいへんけっこうなのですが、なかなかどうして今の人たちは、残り物を食べてくれません。そういうことがわかっているので、つい主婦は自分の口で処理してしまいます。しかし、当分のあいだは、自分の口で処理することはやめにしましょう。本当に食べたいものだけ食べる。食べたくないものは残す。自分のおなかで処理しない。これを守りましょう。

そうすれば、かなりのカロリー制限になることは間違いありません。

しかし、残り物は食べないという家族の考え方がそもそもの間違いですから、この機会に家族を教育したらいかがでしょう。自分が残したものは自分で処理させるのです。次の食卓にも知らんぷりして前の残りを出してみましょう。残すならはじめから皿にとらない、残すならはじめから箸をつけないように教育してください。

外で食事をするときも同じです。全部食べなくても、注文した分のお金を払えばいいのですから、カロリーオーバーだと思ったら積極的に残しましょう。

なにかの会議で食事がついたときは、初めから、どれとどれを残そうか、どれとどれを食べようか、すぐに考えてください。残すのはもったいないと思いますが、減量のためにはしょうがありません。

もしも、残すことに罪悪感を感じるのなら、その前の食事、そのあとの食事で加減してください。本当は弁当箱にでも入れて持ち帰るのがいいのです。人が何をいおうと弁当箱に詰めるのです。他人の残したものを持って帰るのではなく、自分の残したものを持って帰るのですから、なーんにも恥ずかしいことはありません。食物を大切にするという立派なプラス思考です。

7　食べ物ノートをつけよう

一日の食事について、食べたものを全部、残さずノートにつけてみるのも大事なことです。そうすることが今日の反省にもなるし、今日の喜びにもなるのです。

設定したカロリー以上に食べてしまった日は、何が悪かったのか、なぜ食べてしまったのかをその日のうちに調べておくことが、明日のために大切です。

しかし、何を食べたのか、いつ食べたのか、どこで食べたのかがわからなければ反省のしようがありません。反省がなければ、また同じことが繰り返される可能性があります。同じ過ちは繰り返すのはやめましょう。一日も早くやせたいのに、それでは時間の無駄というものです。

設定したカロリーを、その日一日、きちんと守りとおしたときの喜びは大きいですよ。一日の設定カロリーを下まわったときには、もっと大きな喜びが待っています。これは経験した者でないとわからない大きな喜びです。

この喜びを明日も味わうためには、どうしてそうなったのかをきちんと検討する必要があります。そこで、このノートが役立つのです。

朝、何と何を食べて、何カロリーになった。一〇時のおやつに、何を食べて何カロリーになった。昼は何と何を食べて何カロリーになった。二時に、人と会ってみかんを一つ（四〇カロリー）食べた。夕食は、何時にどこで、何と何を食べて、何カロリーになった。このようにノートにつけておいて、一日の終わりに総計何カロリーになったかを計算するのです。

こうしてつけておけば、二週間経っても、一か月経っても思うように体重が減っていかないときなど、なぜ減らないのかを科学的に検討できるというわけです。なにも記録がなければ検討したくても、その材料がないのですから、どうしようもありません。

思うように減らないのは、たいていカロリー計算が間違っているのです。それも、実際よりも低め、低めに計算していることがわかります。私たちはどうしても低め低めに計算してしまうようにできているようです。この食品は何カロリーかなと思ったら、少し多めに計算しておきましょう。多めくらいでちょうどいいようです。このようなことがわかるのも、ノートのおかげです。

これも是非、実行してみましょう。

8　水物で腹いっぱいにしよう

和食でも洋食でも、たいてい水物はカロリーが少ないものです。おつゆ、お茶、スープなどは、固形のものと比べると、同じ量ではカロリーが少なくできています。そこで、最初に水物を口にしてしまうのです。

食卓についたらまず、お茶を飲みましょう。一杯でなく二杯飲みましょう。その次はみそ汁です。お碗になみなみとみそ汁をついでください。そうして、先にそれを飲んでから、おもむろにご飯を食べます。朝、昼、晩、毎食、こうするのです。

パン食の人なら、最初にコーヒーや紅茶を二杯か三杯飲みます。それからパン（六枚切り一枚で一六〇カロリー、お茶わんにご飯一杯と同じ）を食べます。考えただけでも、おなかいっぱいになるでしょう。

普通はご飯やおかずを腹いっぱい食べたいから、お茶やみそ汁は後まわしにすることが多いのです。後まわしにしないまでも、ご飯をスムーズに食べるために、水物をそのあいだに口にするのが普通です。そうしないで、最初に水分で腹いっぱいにしてしまうのです。

水も一時腹という諺《ことわざ》があります。これは腹が減ったら水を飲もう。水も一時は腹の足しになるものだという意味です。

ですから、お茶やおつゆでおなかいっぱいにすれば、しばらくはそれでもちます。おなかがすいたら、また、おつゆでも飲んでください。おつゆ（みそ汁）一杯は三〇カロリーと計算します。三杯飲んでも、まだ一〇〇カロリーに届かないのです。

水物は満腹感を生みます。そこでご飯ではなく「おかゆ」にするのもいい方法です。同じ量のお米なら、ご飯よりも「おかゆ」のほうがより満腹になります。麺類でも同じことが言えます。汁につけて食べるいわゆる「つけ麺」よりも、「煮こみ」にしたほうが、水分の分だけ満腹感を得られます。

言い換えますと、「つけ麺」で食べると満腹感がないので、ついつい余計に食べてしまいます。麺類なんかカロリーが少ないと思っていたら大間違いです。思いのほかカロリーが多いのです。「つけ麺」にして、ツルツル食べていたら、それはもう太る元、間違いなしです。そば、うどん、そうめん（いずれもかけ一杯四〇〇カロリー）などを食べるときは、「煮こみ」にしましょう。

おかずも、「鍋物」にすると満腹感があります。鍋の中身はもちろんカロリーの少ない大根、菜っ葉類やこんにゃく、しらたき、きのこ、たけのこにしましょう。これなら、いくら食べてもだいじょうぶ、ほとんどノーカロリーです。

ただし、水物だからと言っても、高カロリーのものもあるので注意は必要です。シチューだとか、油分の多いスープが、それにあたります。

もちろん、ジュースなどは問題外です。ジュースは缶やビンにカロリー数が記載されていますから、よく見てみましょう。けっこう高カロリーなことがわかるでしょう。トマトジュースでもカロリーは多いですよ。砂糖入りのコーヒーは高カロリーです。コーラ類も高カロリーです。水物でも十分に注意が必要です。

9　よく噛んで食べよう

太っている人たちはたいてい早食いです。早食いというのは、よく噛んでいないということです。その早食いの人の食べるところを見ていると、面白いですよ。口に入れたかと思うと、もう飲みこむ動作です。どんどん飲みこんでいます。

十分に噛まずに、早食いするとなぜいけないのでしょう。

早食いすると、脳の満腹中枢というところが「もう食べなくてもいいよ」と命令を出す前に、腹いっぱいまで食べてしまうからです。言い換えると、満腹中枢が食事の量をコントロールする中枢の役割をしないあいだに、食物がどんどん体に入ってきてしまうのです。

ですから、早食いと肥満はいつも同居しているのです。

そこで、まずゆっくり食べる癖をつけましょう。ゆっくり食べるということは、よく噛むことです。減量しようとしているので食べる量も少なめのはずですから、いつものようにバクバクと早食いしていたらすぐに食事は終わってしまい、ものたりなさだけが残ってしまいます。

そこで少しの食物でもゆっくり、よく噛んで食べれば、満腹中枢が十分に働いて、満ち足りた気分が残るというわけです。どのくらいよく噛むのかというと、一口ごとに三〇～四〇回以上噛みます。口のなかのものが、ひとりでにのどを通っていくくらい噛むのです。根気がいりますよ。プラス思考が要求されます。

これを実行するだけでも、食べ物の量はずいぶん減ります。食べ物の量が減るということは、体のなかに入るエネルギー量、カロリーが少ないということです。少なければ、少しずつ体重は減ってくるはずです。

このことは東京歯科大学社会歯科学研究所とライオン歯科衛生研究所の共同調査でも明らかになっています。肥満傾向の人はそうでない人に比べて早食いで、よく噛まないという研究結果が出ています。そして、しっかり噛んで食べることがダイエットにつながると結論づけています。

ゆっくり食べる、十分に噛むことの効果が科学的に証明されたわけです。しっかり噛めば、なんでもおいしいですよ。早食いのときにはわからなかった、食物のもつおいしさというものがわかるようになります。

さあ、これからは、ゆっくりとよーく噛んで食べましょう。

10 厚い、重い茶わんで食べよう

これは、ダイエットに成功したひとりの患者さんが私に話してくれた方法です。厚い、重いお茶わんで食べることが大切だというのです。なるほどそうだと思うので紹介します。薄手のお茶わんですと、ご飯をよそっても、重さがないので、なにかものたりない、淋しい感じがします。マイナス思考が顔を出してきます。

それでなくても、少しのご飯しか食べることができない淋しさがあるのに、薄手のお茶わんでは、なおいっそうその淋しさが増すというものです。よそるご飯の量は少なくても手にずっしりくれば、心はなんとなく安らぎます。さもしいといえばさもしい心ですが、この安らぎ感が大切なのです。一時でも、心をごまかすことも大切な方法なのです。

ご飯の茶わんは、厚手の、重い、ずっしりしたものを使いましょう。

11　小皿に分けて食べよう

小皿に分けて食べるというのは、自分の分を初めから決めておき、それ以上は食べない工夫です。

食事の際に家族の分を全部大皿に盛ってしまうと、自分が食べた量がわからなくなってしまうものです。最初は、これだけにしようと少量をお皿にとっても、大皿にまだ残っていると、ついつい手が出てしまうからです。すると食事が終わったときには、どれだけ食べたかわからなくなってしまいます。少なく食べたのならわからなくても困りませんが、たいていの場合は予定よりもかなり多く食べてしまっています。そしてどれだけ食べたのかわからないのです。

これではカロリー計算を覚えて科学的にダイエットをしようとしても、とてもできるものではありません。カロリーを計算しようにも、どれだけ食べたのかがわからないのですから。

ざるに盛ったそうめんをみんなで食べるのはおいしいものですが、これもしばらくはやめておきましょう。ざるに盛ったそうめんはついつい余計に食べてしまうものです。そして食べたあとで後悔するのです。

そうめんでもおかずでも、自分の食べる分は、あらかじめ自分の小皿に分けておきましょう。それが、余計に食べるのを防ぐ方法です。

12　左手で食べよう

その9では、ゆっくり、よく噛んで食べましょうと提案しました。

ゆっくり、よく噛むのにいい方法があります。

それは左手で（左利きの人なら、もちろん右手で）食べることです。

左手にお箸、スプーンを持って食べるのは、普通の人にはなかなか努力のいることです。初めてそれをすると、なかなか食べることができません。マイナス思考の人なら、それこそイライラしてしまいます。そこがつけ目です。ゆっくりと、少しずつしか食べることができないので、早食いにはなりようがありません。ゆっくり、よく噛む時間がとれるし、満腹中枢は十分に刺激されますから、少しの食料ですんでしまいます。

減量中に左手で食べる練習をしておくことは、大きなメリットがあります。

左手で食べることは右の脳を使いますから、右脳の機能を十分に引き出し、生活に潤いやゆとりをもたらします。さらに、脳卒中で倒れたときに、もしも左の脳をやられて右手が不自由になっても、左手が自由に使えれば、生活への支障はずいぶん少なくなります。備えあれば憂いなしです。

上手にできるようになったら、みんなの前でなにげなく左手で食べてごらんなさい。「おっ！　すごいなー」という感嘆の声があがるはずです。いい気持ちですよ。

この左手で食事をすることを徹底的にしただけで立派にやせた人が実際にいます。左手で食べるというのもひとつの方法です。

13　間食をしよう

間食するから太っているのに、間食しなさいとはなにごとかと思われるでしょう。私のいう間食とは、まんじゅう（小一つで八〇カロリー）を食べたり、ケーキを食べたりする、そういう間食ではありません。

一日をわずかに一二〇〇カロリーで生活しなさいと提案しているのですから、みかん（一つ四〇カロリー）、トマト（一つ五三カロリー）、きゅうり（一本二七カロリー）、さしみこんにゃく（ノーカロリー）を食べるとか、みそ汁（一杯三〇カロリー）、コーヒーなど、そういうカロリーの少ないものを食べたり飲んだりしなさいということなのです。

そして間食をしたくなるぐらい三度三度の食事を少なく食べるのです。

おなかを減らしての減食、減量はつらいものです。

おなかがすいた、おなかがすいたを繰り返していると、たしかに減量することは間違いありません。ボクサーたちは、強い意志力でそのつらさを乗り越えていきます。そして短時間で一〇キログラムや一五キログラムの減量を成し遂げます。それは、それはたいした意志力です。

しかしあなたが減量したところで、ボクサーのようにファイトマネーが入ってくるわけでもないし、大きな名誉が得られるわけでもありません。一般の人にハングリー精神をもって減量しろと言っても無理です。そういうつらい減量ができなくて今まで太ったままでいるのでしょうから、つらい減量はあなたに求めません。

減量を無理なく成し遂げてもらうためにこの本を書いているのですから、つらさを和らげる科学的な方法をみなさんに示さなくてはなりません。

間食を勧めるのは、おなかがすくのをあまり我慢せずに減量させたいからです。

でも、三度三度の食事をおなかいっぱい食べていたら、やせるはずはありません。

三度三度の食事は軽く食べて、おなかがすいたときに、我慢するのではなく、軽い間食をしましょうというわけです。

間食というのはイケナイ行為だと言う人たちもいますが、本当にそうでしょうか？ もしも間食はイケナイとするなら、「おやつ」はダメだということになります。一〇時や三時に聞かれる「お茶が入りましたよ。おやつですよ」という言葉が日本中から消えてしまいます。田んぼのあぜ道でお百姓さんたちは、お菓子もなく、ただお茶だけをすすらなければならなくなります。友達が遊びに来ても「間食は悪いそうだからお茶だけね」なんて言ったら味気ないですね。

間食自体が悪いのではないのです。間食は立派な食の文化です。おおいに間食をして人の和、話の輪を大切にしましょう。

しかし間食は、腹八分目のうえに成り立っている習慣であることも理解する必要があります。腹いっぱい、必要以上にカロリーを摂取して、そのうえに間食をしようとするからいけないのです。

「おやつ」は三度三度の食事の合間の空腹感を和らげる大切な習慣です。

さあ今日から積極的に間食を利用してダイエットに成功しましょう。

そして減量に成功して目標の体重になったら、今度は太らない範囲で、まんじゅうでも、ケーキでも、きんつばでも、なんでも好きなおやつを食べてください。

14　食後はさっさとテーブルを離れよう

食事が終わったら、長く食卓にいないことが大切です。

食事が終わっても、いつまでもテーブルについていると、つい食べなくてもいいものまで食べてしまうことになります。大皿に盛ってある料理が少し残っていると、つい片づけたくなってしまいます。冷蔵庫に片づけるのならいいのですが、ついつい今までの癖で自分の胃袋のなかに片づけてしまいます。

また、お茶だけ飲んでいると口寂しくなって、残っているものに手がいってしまいます。ですから、やせようとしているときは「食後はさっさとテーブルを離れること」を是非守ってください。

でも家庭のだんらんというものがあるでしょうと反論される方がいますが、家庭のだんらんと自分の減食とを両立できないから、いつまでも太っているのでしょう。テーブルに長くいても決して必要以上に食べないという強い意志があればいいのですが、それがないからやせられないのではないでしょうか。

やせる目的が達成されたら、そのときはどうぞゆっくりと、いつまででも最後の人が立ち上がるまで座っていてください。しかし、食物を目の前にして、手を出さずにお茶だけ飲んでいる強い意志は今のところないでしょう。ないと思ったら、食卓を囲んでのだんらんは減量に成功してからにしましょう。だんらんはまだまだほかにいくらでも方法があります。

やせようと努力しているあいだは、決して食卓に長居をしてはいけません。

食べ終わったら、人が止めるのを振り切ってでも、さっさとテーブルを離れましょう。プラス思考です。さあ、これで一口、余計に食べずにすみました。

15 テーブルに自分の写真を飾ろう

食卓の上にどんな写真を飾ろうというのでしょうか。

食欲の出てこないような、醜い、グロテスクな写真を飾って食欲をなくそうというのではありません。

しかし、見方によっては、そうかもしれません。それは、自分自身の、今現在、太っている姿を写した写真を食卓に飾ろうというのです。それを醜い、グロテスクなものととるかとらないかは、あなたの自由です。

太っている自分の姿を食事中に見て「ああこれではいけない、私は今やせようとしているのだ、食べてはいけないのだ」このように思ってもらうために、あえて写真を飾ろうと提案したわけです。

たしかにこの方法も、ひとつの有効なやせるための手段だと思います。太っている自分を見て、いっそう食欲が進むという人はいないと思います。普通の人は、もう一口食べたいなあと思っても、そこで太っている我が身の写真が目に入ったら、いけないと思い箸をおくでしょう。これが狙いなのです。そして、みごとやせた暁には、今度はスリムになった写真を飾りましょう。

さあ、それではさっそく、写真を撮りましょう。

写真屋さんに行くのもよし、誰かさんに撮ってもらうのもよし、ひとりで三脚を出してくるのもよし、今の太っている姿を鮮明に写しておきましょう。

やせているように見せたいからといって、ちょっと斜めから撮ろうなどと考えていませんか？　そんな、姑息な考えはやめましょう。堂々と正面からです。そして、この際ドーンと大きく引き延ばしておきましょう。

使用前、使用後。あとが楽しみですよ。

16　同じ場所で食べよう

太っている人の食べ方を見ていると、時と場所をかまわずに、食べ物が存在するところで食べています。食べ物があるところが、その人の食卓なのです。それがどこだろうとかまわないのです。他人の机だろうと、会議室のテーブルだろうと、冷蔵庫の前だろうと、台所の隅だろうと真ん中だろうと、歩きながらだろうと、寝っころがっている畳の上だろうと、そんなことはかまわないのです。食べているところが食卓なのです。

こういう食べ方をしていると、どんどんカロリーが増えてしまいます。やせようと努力しているあいだは、こういう食べ方は是非やめましょう。

食べるところはいつも同じ場所と決めておくことが大切です。決めた場所以外では絶対に食べないようにするのです。

これを守るだけで、ずいぶんと無駄食いがなくなります。無駄食いがなくなるだけで、カロリーの摂取は大幅に少なくなることでしょう。

そうなれば、肥満解消に大きく一歩近づいたことになります。

決めた場所以外での食事は、すべて無駄食いだと思いましょう。

17 朝、昼は軽く、夕食はしっかり食べよう

一日一食、しっかり食べていれば、食事に対する満足感は充足されます。しかし、減食、減食で一日のうち三食のどこにも満足がないとイライラしてしまいます。このイライラがダイエットを長続きしないものにしているようです。もともとストレスがあるから過食しているのに、さらに減食、減食というイライラがあれば、これはもう長続きしません。このイライラが元でダイエットできないという人は、一日三食のうち、どこかで一食でもしっかり食べることが大切です。

朝食をしっかり食べようというのが大方の常識ですが、そんなことはないと思います。朝はどの人も慌《あわ》ただしい時間を過ごしています（「慌ただしい」という言葉は本来はマイナスの言葉です。「慌」という字の左のりっしんべんは心を意味しています。そこで「慌」は心が荒れているという意味になります。プラス言葉に変えるならば、「朝はすることがたくさんある」と言い換えるべきでしょう）。

そして、生理学的には排泄の時間なので、食べたくないのが本来の人間の姿です。ですから朝をごく軽くすませるのがコツです。ノーカロリーでもいいくらいです。

お茶一杯ですませればノーカロリー、みそ汁一杯だけ飲んでいれば約三〇カロリーです。これに少々果物でもつければ一〇〇カロリーくらいでしょう。これくらいで朝は抑えておきます。

そして朝のうちにしなければならない仕事にとりかかります。家にいる人なら、いくらでも仕事はあるはずです。掃除、洗濯、もろもろの家事がいっぱいあるはずです。仕事に出かける人は出かけましょう。学校に行く人も出かけましょう。仕事や学校に行っているあいだは、やることが多いし食べようにも食べられない環境にあるからだいじょうぶです。

朝、食べなければ仕事の能率が悪いなんてことは絶対にありません。

そうして昼を迎えます。昼もできるだけカロリーの少ないものにしましょう。せいぜい、三〇〇カロリーくらいにおさえましょう。

そして夕食です。夕食は家族と同じようにしっかり食べましょう。もちろんカロリーも考えなければなりません。しかし夕食一食だけならそんなに多くはなりません。おかずもいろいろとりそろえ、バラエティーに富んだ食事をしても、八〇〇カロリーくらいのものでしょう。一食八〇〇カロリーの食事は十分とはいかなくても満腹感も生まれる食事です。それでいながら決してカロリーオーバーになることはありません。このような夕食を食べたあとは、満足感が残るので、しっかり眠れます。

もう一度言います。朝は軽くすませましょう。

自然界のたいていの動物は朝、目を覚ましてすぐに食事をしません。野山を駆けめぐって初めて餌《えさ》を口にします。朝食前に動いているのです。ちょっと前の日本人の生活もそうでした。朝、暗いうちから起き出して畑に行きます。そうして一働きしてから朝食です。これが人間にとって自然なのです。起きてすぐに学校や会社に出かけなければならない現代人に向かって「朝食をしっかり食べましょう」というのはまったくおかしなことです。

もしも朝ご飯をしっかり食べようと言うのならば、早寝早起きをし、朝は散歩でもして体を動かしてからご飯を食べようと言うべきでしょう。

朝、ご飯を食べないと脳に必要な糖分が行かないから、頭が働かないという説がありますが、そんなこともありません。体温がいつも一定に保たれているように、血液のなかの糖分も脳内の糖分も、ほとんど一定の濃度に保たれているものです。それは、まる一日食べようが食べまいが変わらないのです。

それを朝一食抜いただけで血糖値が直ちに下がり、頭が回転しないかのように言うのは非科学的なことです。だいじょうぶです。一食や二食抜いただけで思考能力が落ちるほど、私たちの頭はやわでありません。自信をもって軽い朝食にしましょう。

18　ご飯をしっかり食べて、おかずを減らそう

現代は、まさに飽食の時代です。飽きるほど、おいしいものを食べます。

毎日の食卓には三品も四品もおかずが並びます。

一汁一菜などと言ったのは、もう昔なのですね。おつゆ一杯とおひたしなどの菜っ葉が一つ。これは粗食の代表的な表現ですが、この言葉も、もう死語になっています。もちろん、一汁一菜にしましょうとは言いませんが、ダイエットをしようとするなら、おかずの品数を減らすのはいい方法です。おかずには、けっこう高カロリーのものが多いのです。

いつもより一品少なくするだけで摂取カロリーは少なくなります。

「食べすぎているのですよ」と言うと、たいていの人は「そんなことはありません。ご飯だって、これしか食べないのですよ」と言って小さなお茶わんの形を手で作ります。そして「こんなお茶わんに、ほんの少ししか食べないのですよ」と言います。

そこで「おかずが多いのと違いますか?　おかずを減らしましょうよ」と言うと、「えっ?　おかずを減らすのですか?」とけげんな顔をします。

なぜ、けげんな顔をするのかというと、現代人は総じて、ご飯が悪くて、おかずが正し

いと考えているからです。おかず（副食）を食べないと栄養失調になると思っています。おかずは体に絶対必要だと思っています。そして、ご飯を食べるから太るのだと信じています。そうでしょうか？

実際には、おかずを食べすぎるから太るのです。

おかずにはご飯にない優れた栄養価がありますが、やせようと思っている人たちは、むしろご飯を中心にしておかずをやめるべきでしょう。ダイエットしようとしている人たちがご飯を減らしているのは、「私は食べていないのにやせない。決していやしいほど食べていないのに」という言い訳に使われている感じがします。

ご飯はカロリー計算が簡単です。お茶わん一杯は一六〇カロリーですから、二杯食べたら三二〇カロリー、半分なら八〇カロリーと、簡単に計算できます。

しかし、おかずはいろいろな種類があるので、慣れない人にはとても正確な計算はできません。それで、ついつい少なめに計算してしまいます。少なめに計算したい気持ちはわかりますが、すっかりカロリーオーバーしているのです。そして「努力しているのに、なんでやせないの？」と言うのです。

もちろん、主食だけでは栄養素は不足してしまうでしょう。

しかし、現代人は副食の一品や二品減らしただけで栄養失調になることなど決してありません。副食の品数を減らすのがいやならば、それぞれの量をしっかりと減らしましょう。

さあ、ご飯を中心に食べて、しばらくのあいだ、おかずを減らしましょう。

19 おなかがすいてから食べよう

おなかがすかないのに時間が来たから食べるという人がいます。

いつも同じ時間に食べることが文化的であり、健康にいいことだと信じているようです。

しかし、本当には、おなかがすいてから食べるのが正しい食べ方だと思います。

特に、太っている人がやせるためにする食事の仕方は、時間が来たから食べるというのではなくて、おなかがすいたから食べるというのが正しい食べ方です。これを守るだけでも、かなりやせることが可能です。

サラリーマンや学生の方が、朝、起きました。それも、いつもより少し遅く起きました。こういうとき、みなさんはどうしますか？　やっぱり、急いでも、朝ごはんを食べて行きますか？　もしも、本当にやせたいと思っているのなら、食べてはいけません。食べるべきではないのです。

朝、いつもより少し遅く起きたのですから、ゆっくり食事をしている時間がないのです。

しかも、朝起きてすぐという時間は、そんなに食欲がないのが普通です。急いで食べたら体によくありません。

そこで、やせたいと思っているなら、こういうチャンスを逃してはいけません。ここでプラス思考です。「しめた！　食べる時間がない」と思ってなにも食べないか、ごく軽いものを少量食べるのです。これで少しやせました。

昼、みんなは食事に行きましたが、自分はどうも食欲がありません。

これもまたまたチャンスです。おなかがすいていないのですから、なにも食べる必要はないのです。おなかがすくまで待ちましょう。またまたプラス思考です。

食べる機会を少しでも先に延ばすのが大事なのです。先に延ばせば一日の食べる回数は減ります。無駄食いも減ります。要するに、食べたくないときは食べない。食べたくなるまで待って、それから食べるということが大事なのです。

風邪をひいて熱があるときに、無理やり食べる人がいます。また、無理やり食べさせる人がいます。「体力をつけなければ、治るものだって治らないよ」という論理です。これは、間違った論理です。風邪をひいて、熱があって食欲がないのは当り前なのです。体に食べ物を入れてはいけませんよ、という体のサインなのです。体に食べ物を入れずにじーっとしていれば、早く病気が治るということを体は本能的に知っています。だから、犬でも猫でも病気のときはなにも食べずに、静かにじーっとしているのです。食べれば早く治るのならば、犬でも猫でもライオンでも、じっーとしていないでしょう。

人間だって同じです。それを人間は、なまじ知恵があるものですから、食べないと治らないように思ってしまうのです。急性の病気のときは食べないように体ができています。ですから、風邪でも引いて食欲がないときはがっかりしないことです。むしろ「しめた！これで食べないですんだ」と思ってください。こういう考え方がプラス思考の考え方です。なにかの拍子に下痢でも始まったら、プラス思考で「万歳、しめた、しめた」と小躍りしましょう。下痢で一キログラムや二キログラムは減量できます。

空腹感は、おなかの脂肪がどんどん減っている幸せな感覚です。ありがたい、ありがたいと感謝しましょう。

20　なにか夢中になるものを作ろう

さっさとテーブルを離れたはいいが、なにもすることがない。これではダメです。なぜかというと、なにもすることがないとフラフラと再びテーブルに戻ってきてしまうからです。テーブルに戻ってこないようにするには、なにかどうしてもしなくてはならない仕事をもつことです。どうしてもしなくてはならないものをもっていると、そっちに気がとられて食事に意識がいかないのです。

また、仕事がたくさんあるのはいいことです（「忙しいのは」とは言いません。「忙」という字はりっしんべんに亡くすと書きます。りっしんべんは心を意味します。すなわち「忙しい」という言葉は心を亡くすという意味で、立派にマイナス思考です。そこで、「忙しい」という主観的な言葉を使わずに「仕事がたくさんある」という客観的な表現で書いているのです）。仕事がたくさんあれば、食事のことなど考えなくてすみます。寝食を忘れて、という状態が作られれば最高です。寝るのも食べるのも忘れて一心不乱になにかをするなんていいことですね。暇だから食事のほうばかり気になるのです。暇を作らないように、なにか仕事をもちましょう。

仕事がない人は、趣味をもちましょう。これさえしていれば、もう楽しくて楽しくてたまらない。ご飯を食べる時間ももったいない。「おーい、そんなに無理してやるなよ。さっきからご飯だって言っているのが聞こえないの？」「ご飯はいい、あなたひとりで食べていて、ちょっと今、面白いところなのよ」こういう状況、いいですね。寝るなんてもったいない。こういう趣味はありませんか？　ある人は幸せですね。

この時期に、仕事や趣味を生かして、おおいにやせてみましょう。そうすれば一石二鳥です。仕事は、はかどるし、趣味はできるし、おまけに長年の夢である肥満解消もできるのですから。暇は肥満の元です。仕事をしているときは間食なんてしない人が、日曜日になると、なにかしら口寂しくなってムシャムシャ食べだします。日曜日というのは暇だからいけないのです。日曜日にも暇でなくなるような趣味をもちましょう。

こう言うと、「すぐには趣味なんてもてませんよ」と反論する人がいます。そういう方は近くの公民館に出かけてみてください。いろいろなことをやっています。きっとあなたの趣味になるようなものがあります。人と交わるのが苦手な人は、自分史でも書いてみてはいかがでしょう。そのためにパソコンでも習ってみてください。パソコンも面白いですよ。

さあ、なんでも始めてみるのがダイエット成功へのカギです。

21 体を動かそう

食べ物と肥満の関係は、もう十分おわかりになったと思います。

食べれば太ります。食べなければ太りません。これが食事と肥満の科学的な関係です。

しかし、そうはいっても食べたいものです。

ですから、ある程度のものを食べるのはしょうがないと思います。

その食べたものを、体に蓄えて、血や肉（脂）にしてしまうか、それとも運動のエネルギーに変えて、体の外に出してしまうか、どちらかです。やせるためには、食べたものを運動のエネルギーに変えて、外に放り出してしまうことが必要です。

食べたものを全部、外に放り出してしまえるならば、いくら食べてもかまわないのです。少しでも多くカロリーを放り出すためには、まず体をこまめに動かすことです。なんでも、不精をせず小まめに体を動かすことが大事です。

太っている人は、だいたいにおいて、動くのをいやがる傾向があります。いわゆる、横の物を縦にもしない、というやつです。おまけに家のなかにだけ閉じこもって外に出ない人がいます。こういう人のことを「デブ症」と言います。これではカロリーの消費は見こめません。

現代に生きる私たちはみーんな運動不足に陥っていると言っても、言いすぎではないでしょう。体を動かさなくても餓え死にしない世の中なのです。肉体労働をしなくても食べ物にありつけるのです。

主婦の人たちに「もっと体を動かしましょう」と言うと、「私たちは一日中、体を動かしっぱなしですよ」という答えが返ってきます。

本当にそうでしょうか？　そういう人に万歩計をつけてもらい、一日に歩いた歩数をはかってもらうと、わずか二〇〇〇歩か三〇〇〇歩程度です。主婦というのは意外に動いていないものなのです。自分では一日中忙しくしているので、さぞたくさん歩いているつもりなのでしょうが、結果はこんなもので、ほとんど歩いていないことがわかります。

ですから、自分の意志で運動するように心がけないと、たいして体を動かさずに一日が過ぎてしまいます。では一日の生活のなかに、どのように運動を取り入れるのがいいでしょうか？

あえて運動する時間のとれない人は、日常の自分の生活のなかに運動のチャンスを見つけましょう。探せばいくらでもあります。

サラリーマンなら、朝、夕の通勤中に運動のチャンスがたくさん存在しています。たとえばバスに乗っているなら、いつも降りるバス停よりも一つ手前で降りるのです。そして、歩くなり走るなりするのです。これで立派に運動ができました。カロリーもずいぶんと減らすことができました。駅やそのほかで歩くところは、ゆっくり歩かずに、どんどん早足で歩きましょう。これでも立派な運動です。

おかあさんがたでも、一日の生活のなかに運動するチャンスをたくさん見つけることができます。デパートに行ったら、決してエレベーターやエスカレーターがどこにあるのかとキョロキョロしてはいけません。階段はどこにあるのかと見まわしましょう（たいてい階段は隅にあるものです）。そして自分の足を使うことにしましょう。デパートに行ったら歩くもの、こう決めておくだけでだいぶ違いますよ。

体を動かすことがいいと聞いて、自分の家を毎日毎日、しかも隅から隅まできれいにすることに専念した人がいます。体を動かすことを、自分の家をきれいにするということで実践したわけです。そして、長年どうしてもやせられなかった肥満の体を、みごとにやせさせるのに成功しました。

運動を日常の生活のなかに取り入れようというプラスの意志さえあれば、そのチャンスはいくらでもあるはずです。でも、意志がなければどうしようもありません。

天気のいい日には元気に散歩をしたりしているのに、雨が降るとたんに運動をしなくなる人がいます。そして言い訳を言います。「雨が降ったので運動ができませんでした」

しかし雨が降ったら本当に運動はできないでしょうか？　そんなことはありません。雨が降ったら家のなかでやってもいいではないですか。家のなかでも運動はできます。家のなかを積極的に歩きまわるのです。どんなに狭い家でも一〇歩くらいは歩けるでしょう。その一〇歩を行ったり来たり一〇〇回やればいいのです。それで一〇〇〇歩になるのです。

畳半畳あれば十分できる運動をご存じですか？

それは、その場跳びです。その場でぴょんぴょん跳ぶのです。手に縄を持ったつもりで手首をまわすと立派な縄跳びになります。二重跳びも、三重跳びも簡単にできます。畳半畳がない家はありません。畳の上ではドンドンと振動するでしょうから、そういう場合は玄関がいいですよ。玄関で立派に運動ができます。

跳ぶのがいやなら、その場で足踏みするのもいいですね。その場で駆け足もできます。ですから「私の家は狭いので運動はできません」などと言うのは、言い訳にすぎません。運動をする意志があるかないかで決まるのです。

さあ言い訳はやめにして、プラス思考です。雨が降れば降ったで運動はできます。家が狭けりゃ狭いで、これまた運動はできます。

テレビも黙って座りこんで見ていてはいけません。立ち上がって、足踏みしながら見ましょう。その足踏みも、膝《ひざ》をしっかりあげて、手を振ってください。一〇分でも一五分でもけっこうです。いい運動になりますよ。また、軽くつま先立ちになって、上下に小刻みに体を動かすだけでも立派な運動です。

さあ運動になることはないか、積極的に探しましょう。それがエネルギーの消費になるのです。ダイエットの成功につながるのです。

22 宣言しよう

「私はこれからやせます」と、みんなの前ではっきり宣言しましょう。プラス思考です。宣言したのに、もしもできなかったらどうしようなどと考えるようでしたら、それはマイナス思考というものです。やると言ったらやるのです。さあ宣言したら、もうあとには引けません。宣言したのに、やせられなかったら、あとで笑い者になります。笑い者には誰でもなりたくありません。断じて、なりたくありません。

こうして、もうあとには引けないという背水の陣を自分でしくのです。

そうすると自分の心構えも違ってきます。

この本を読んで、「そうかわかった。ようしやってみよう」と思ってくださっているのは、本当にうれしいですね。しかし、「この項だけはちょっと無視しようかな」と思ってはいませんか？

ひそかに、誰にも知られないように始めてもダメです。そういうのは、またひそかに、誰にも知られないようにやめられます。それも、いとも簡単にやめることができるのです。いとも簡単にやめられる状態を作りながら、重大なことを始めようとしても、それはダメです。それでは、初めから逃げ腰です。逃げ道を作っておいて始めたのでは、決して気合いが入りません。

　ここは一つ、プラス思考で自らの退路を断って闘いに挑んでみましょう。家族でもいいです。友達でもいいです。職場の仲間にでもいいです。はっきりと宣言しましょう。

「私、今日からダイエットを始めます。みなさん、よろしくご協力をお願いします」と。できることなら、何キログラムやせようとしているのか、それをいつまでにやりとげようとしているのか、自分の計画をしっかりみんなに聞いてもらいましょう。

　そうすると、なおいっそう自分の意志が強固になります。また、聞いた人たちもきっとあなたに協力してくれるでしょう。

　もしもちょっと気がゆるんで、つまみ食いしそうになったら、それを取り上げてくれるでしょう。一口余計に食べようとしたら「食べてもいいの？」と注意をしてくれるでしょう。自分のまわりから、お菓子などを目につかないように片づけておいてもくれるでしょう。そういうためにも宣言が必要なのです。

　また、別な言い方をすれば、宣言ぐらいできなければ、なかなかやせることはできないでしょう。今までやせられなかった自分を奮い立たせるためにも、周りの協力を得てダイエットを成功させるためにも、おおいに宣言しましょう。

23　仲間をつくろう

やせるというのは、なかなか大変なことです。食欲という本能に逆らわないと達成できない一大事業です。もちろん、ひとりでやりきる人もいます。

しかし、ひとりでやるよりも大勢の仲間といっしょにやるほうが、ずうっと簡単です。これは、前の項で勧めた「宣言」が十分に生かされるからだとも言えます。そしてさらに、いっしょに宣言した仲間が知らず知らずのうちに助け合うからです。

自分が脱落しそうになると、仲間が「がんばろう」と励ましてくれます。仲間の誰かが脱落しそうになると、自分も援助の手を差し伸べます。援助の手を差し伸べることが、さらに自分をも励ますことになるのです。

そして、ときどき輪になって自分の体験をしゃべったり、ほかの人の体験を聞いたりします。それは決して成功の話だけではありません。失敗の話もたくさん出てきます。それが役に立つのです。それが自分を奮い立たせるのです。そうして、お互いに競争し合い、お互いに助け合って、やせるという目的達成に向かって進むのです。

私が診療所で開く「スリム教室」でも、このことは十分証明されています。今まで何回も、診察のたびに、それこそ口が酸っぱくなるほど「やせなさい、やせなさい」と言ってきたのに、いっこうにやせることができなかった人が何人もいます。そういう人が、集団のなかで驚くほどみごとに減量に成功していくのです。栄養士さんもビックリしています。栄養士さんと個人的に何回も面接をしたのに全然やせなかった人が、教室という集団のなかで、きちんとスケジュールどおりに、いやそれ以上に減量してゆくのです。これはもう本当に驚きです。是非、仲間をつくって減量しましょう。ひとりで抜け駆けしようたってそれがダメなことは事実が証明しています。仲間とともに、励ましあって減量を成功させましょう。

アルコール依存症（いわゆるアル中）の人と肥満者とはとてもよく似ています。アルコール依存者は飲みたくて仕方がないのです。そして我慢ができずに飲んでしまうのです。肥満者は食べたくて仕方がなくて、食べてしまうのです。どちらも抑えがきかないのです。

断酒会では仲間を作ることの大切さをよく説いています。医者から「酒は体に悪いからやめようよ」と言われてもなかなかやめられなかった人が、同じ酒飲みに「やめたほうがいいよ」と言われるとやめてゆくのです。仲間を作ることの大事さを物語っています。ひとりでもいいですから仲間をつくりましょう。

24　鏡の暗示を利用しよう

人は暗示にかかりやすいものです。かかりやすいというより、左右されやすいと言ったほうが正しいでしょうか。ひとりがあくびをすると、そばにいる人は次々にあくびをします。ひとりがトイレに立つと、みんなトイレに行きたくなります。これは人間の心のなかに暗示に反応する習性があるからです。

暗示には他人から与えられる他者暗示と、自分で行う自己暗示があります。

私の外来では他者暗示（催眠療法）をしていますが、読者の方にはできませんので自己暗示をしてください。

夜、寝る前に、鏡に自分の顔を映します。

そして眉間を見て、ただ一言「お前は食べ物が気にならなくなる」と命令口調で言います。何回も言ってはいけません。また、お願いしてもいけません。

「食べ物が気にならなくなるようにお願いします」なんていうのはダメですよ。それは消極的なマイナス思考になってしまいます。自分を守る者は自分だけです。自分以外のものにお願いをしても、お頼みをしてもダメです。

ましてや、神様にお願いしてもダメですよ。「神様、私をやせさせてください」などと言っても、神様はお願いを聞いてくれません。神様はお願いするものではないのです。神様は崇《あが》め、尊ぶものなのです。神様にはそれ以上のことを要求してはいけません。お願いするということ自体が、もうマイナス思考なのです。神様というものは決してマイナス思考を喜んではくれません。

神様はいつでも積極思考、プラス思考なのです。

「神様、私、今こうして元気に生きています。こうやって元気にがんばっています。これから、命を大切にするために、もう少し減量しようと思います。減量できたら報告します。見守っていてください」と言うなら立派ですね。積極的なプラス思考でしょう。

さあ夜、寝る前に「食べ物が気にならなくなる」と自己暗示をしました。

そうして次の日、目が醒めたらまた、鏡に向かって暗示をかけます。

「今日一日、食べ物を気にしない」真剣な気持ちで、一度だけそう言います。

そして一日中、食べ物の誘惑に負けそうになったら何度でも、「私は強いのだ。強い強い力の結晶だ。食べ物は気にならない」とプラス思考を心に言いきかせてください。このときも鏡に向かったほうがいいでしょう。そのためにもいつでも小さな鏡を持っているといいでしょう。もしも鏡がなければガラス戸に自分を映してください。

そうです、人間は強いのです。決して弱い存在ではないのです。人間を弱い存在だと思うと、それはマイナス思考になってしまいます。人間は本来強いものなのだと積極的に、前向きに人間をとらえるとプラス思考になります。人間は強いのです。三〇数億年前に誕生した生命が延々と続き、今も私たちの体に宿っているのです。弱いはずがありません。ビッグバンによって誕生した宇宙。そのなかで誕生した太陽系。そのなかの地球。宇宙の力に満ちあふれている地球で誕生した生物。宇宙の力そのものを体内に宿している高等動物、それが人間なのです。強いに決まっているのです。もしも、人間なんて哀れな弱いものだと思っている人がいたら、考え方を変えてください。人間は強いですよ。人間が強いと思ったら、これで、もう立派に食べ物と闘えます。

25　やせた自分を想像しよう

イメージトレーニングという言葉がしばしば新聞のスポーツ欄に登場します。相撲では舞の海がこのイメージトレーニングをして成果を上げていました。自分が大きな力士に勝つところを想像して、土俵に上がるそうです。そうして、小さい体で大きな力士に勝っています。マラソンの選手なども、自分がゆったりと気持ちよく走っているところをイメージするそうです。プラス思考のイメージです。

これを、ダイエットにも応用しましょう。

減量に成功した自分を想像してください。プラス思考です。楽しいですよ。

さああなたは、堂々と人前に出ています。太った人の話題が出ても全然気になりません。洋服を買いにいっても、もう大きい服の売り場に行かなくてもいいのです。どうです。楽しいでしょう。

たんすの隅にありませんか？　いつかやせたら着ようと、とっておいた服は。その服も着ることができるのです。さあ、その服を着てさっそうと歩いてみましょう。想像は自由です。おおいに想像を楽しんでください。そうして、想像を楽しむことが現実につながるのです。人間には想像を現実化する力があります。そういう意味で、想像という行為には大きな力が秘められているのです。

積極的に想像をたくましくして、減量の原動力にしましょう。

夜、寝る前に鏡の暗示をしましょうと前の項で書きました。その鏡の暗示をしたあとで寝床に入ります。寝床では積極的に、やせた自分を想像してみましょう。

人間は二つのことはいっぺんにできません。立ちながら座ることはできません。前に歩きながら、後ろに歩くことはできません。おなじように、いやなことを考えながら楽しいことは考えられません。プラス思考を知らない人たち、マイナス思考で生きている人たちは、寝床のなかではとかくいやなこと、不安なことを考えがちです。それでは安らかに夢路にはつけません。寝床に入ったら楽しいことを考えましょう。いやなことが頭に浮かんだら、すぐに楽しい方向に心をもっていきましょう。習慣です。そのうちに、寝床に入ったらすぐに楽しいことを考えるようになるでしょう。寝床に入ったら、すぐにバタンキュウと寝つく人は楽しいことをわざわざ考える必要はありません。どうぞ寝てください。本当はそれが一番いいことなのですから。

さあ今日からは楽しいこと、やせた自分を想像しながら眠りにつこうではありませんか。

4章　ダイエットが面白くなるアドバイス

スタートの体重測定について

さあ今日からやるぞと決心し、実行に移りました。プラス思考ダイエットの開始です。その後、よく聞かれるのは次のような嘆きです。

「先生、一～二キロぐらいは簡単に落ちたのですが、そのあとがなかなか落ちないのです」

どうです、みなさんも一回はこのように言ったことがあるのではないですか？

最初の一～二キロはすぐに落ちたのに、そのあとの減量がいっこうにはかどらない。たいてい、こう言うのです。なぜでしょう？

これは最初の体重測定が間違っているのです。そこで体重測定についてお話します。

体重測定はいつも一定の条件でする必要があります。夜、就寝前にはかるほうがいいなら、いつも就寝前とします。朝、はかるほうがいいなら、いつも朝にはかります。

そして、測定するときは体の状態も一定にします。体の状態を一定にするということは、いつもおしっこを出したあととか、食事をする前とか、食事をしてからとか、そういうふうに一定の条件で行うということなのです。

最初の一～二キロはすぐに落ちたのに、そのあとの減量がいっこうにはかどらないと言う人は、最初の体重測定がおかしかったのです。

ダイエットを始める人は、体重がどんどん落ちた、すぐに落ちたというふうに思いたいものだから、最初の体重測定を、体重の重い時間にはかるという傾向が見られます。

一日のうちでもっとも体重が重い時間というのは、夕食を食べたあとでしょう。しかもまだ排便をしていなかったらもっと重いでしょう。一回の排尿では二五〇～五〇〇CCほどあります。これを重さに直しますと、少なくても二五〇グラム、多ければ五〇〇グラム以上になります。これに大便も加えますと、さらに五〇〇グラム以上増えます。つまり体内の大小便だけで一キログラムも体重が増減してしまう計算になります。

そして体重の軽い時間は、起床直後の排尿、排便をしたあとです。

そこで最初にもっとも重い時間にはかり、次からは軽い時間にはかると、一～二キログラムはすぐに違ってきます。そういう人が「二キロぐらいはすぐに落ちたのですが、そのあとがなかなか落ちないのです」と言うのです。

これは本当に体が一～二キログラムやせたのではなく、ただ単におしっこやうんちが出ただけなのです。体の脂肪がなくなるという本当の減量ではなかったわけです。ですから、体重測定はいつも一定の条件でしなければならないのです。

体重の増減に一喜一憂しないこと

ダイエット期間中の体重測定は、朝の排尿後と決めておくことをお勧めします。前の項で書きましたように、朝の排尿後は一日のうちでもっとも体重が軽い時間だからです。前夜の就寝前より五〇〇グラムは減っているのが普通です。夜中に一度おしっこに起きたのならば、一キログラムほど減っていることもあります。だから、ダイエット中は一番楽しみな時間なのです。

さて毎日、体重測定をします。このとき計算どおりいけば、右肩下がりに体重は落ちていくはずです。しかし、現実は計算どおりにはいきません。この計算どおりいかないということを知っておいてください。そうしないと、「昨日は六〇キロなのに今日は六〇・五キロ。どうして増えるの？　私は一二〇〇カロリーしか食べてないのに」ということになります。

ときには、一キログラム以上の増加をみることがあります。それに、いちいちがっかりしてはいけません。おしっこの量、便をしたかしないか、汗の量、食べたものの量などいろいろな要素が加わり、前日より一～二キログラムの変化を生むのです。

きちんと食事のコントロールをしていれば、体重はいつも上がったり下がったりしながら、しだいに減量していきます。体重のグラフは、デコボコしながらだんだん右肩下がりになっていくのです。体重というのはそういうものだということを理解してください。

もし本当に、実質的に体重が一キログラム増えたとしたら、食べすぎたことになります。それも体重維持のカロリーのほかに七〇〇〇カロリー余計に食べたことになります（2章の「体重一キログラムは七〇〇〇カロリー」の項を参照）。しかし減量に努力している最中に、一日で七〇〇〇カロリー余分に食べることなどないでしょう。七〇〇〇カロリー余計に食べるということは、九〇〇〇カロリー近くを一日で食べることになるのです。そんなことは決してありません。ですから一キログラム程度の増加は、本当の体重増加ではなく、まったく心配ないのです。

また、「旅行に行ったら、体重が一日で一キロも二キロも増えた」と嘆く人がいますが、一日で本当の体重が一キログラム増えることは理論的に、科学的にはまずないでしょう。なぜなら、いくら旅館でおいしいものを腹いっぱい食べたとしても、七〇〇〇カロリー以上も食べたりできるはずがないからです。一〜二キログラム増えたのは、見かけの体重が増えただけなのです。

見かけの体重というのは、食べた食事や飲んだ水分の重量のことです。その食べた食物と、飲んだビールやジュースがまだおなかに入ったままだから、一キロも二キロも増えたように見えるだけなのです。これは「水を飲んでも太るのです」という言い訳の項で述べたとおりです。もういちど読み返してみてください。二、三日もすると、たいてい元の体重に戻るのです。ですから、おいしいものを腹いっぱい食べても、一日で一キログラムの脂肪がつく本当の体重の増加はありません。

たまに旅行に行ったときくらい、おいしいものを腹いっぱい食べたらどうでしょうか。たった一日なら、そんなに悔やむような結果には決してなりません。

旅行のときくらい腹いっぱい食べるというのも、プラス思考でしょう。また、旅行のときにも一二〇〇カロリーを守るというのもプラス思考でしょう。自分に合ったやり方でやってください。

ダイエットの後半は体重が落ちにくい

ダイエットの初期には体重はすぐに落ちたのに、後半はなかなか落ちないという話もよく耳にします。その理由の一つはすでに述べました。最初の体重測定が間違っているからです。

もう一つは初期と後期の体重の違いに起因しています。

これは初期の体重が大きいと説明がしやすいので、一〇〇キログラム（身長一四五cm）の人のダイエット作戦について述べてみます。

この一〇〇キログラムの人が、一日あたり一二〇〇カロリーで減食を始めたとします。一〇〇キログラムの人が体重を維持するのに必要な一日のカロリー数は、一〇〇×二五（軽労働として計算）＝二五〇〇カロリーです。

二五〇〇カロリー必要なのに一二〇〇カロリーしか摂取しないのですから、一日あたり一三〇〇カロリーが不足しています。一週間では、一三〇〇×七＝九一〇〇カロリーになります。この不足分を体から取り出します。

九一〇〇カロリーを体重に換算すると、体重一キログラムは七〇〇〇カロリーですから、九一〇〇÷七〇〇〇＝一・三キログラムになります。つまり一週間で一・三キログラムの減量が可能なのです。

この人が減量に成功して五〇キログラムになりました。でも標準体重の四六キログラム（一・四五×一・四五×二二）が目標なので、もう少しがんばりたいと思っています。

体重五〇キログラムの人が体重維持に必要とするカロリー数は、五〇×二五＝一二五〇カロリーです。そのとき、一〇〇キログラムのときと同じく、相変わらず一日一二〇〇カロリーでダイエットをしていたとします。

するとこの人は、この時点では一日に一二五〇カロリーあれば足りているので、わずかに五〇カロリーが不足するだけなのです。一週間では、五〇×七＝三五〇カロリーの不足です。初期の一〇〇キログラムの体重があったときと比べると、雲泥の差であることがおわかりいただけるでしょう。

一週間で三五〇カロリーを体から取り出しても、体重は三五〇÷七〇〇〇＝〇・〇五キログラム（五〇グラム）しか落ちないのです。一キログラム落とすには五〇グラムの二〇倍、つまり二〇週もかかります。

体重一〇〇キログラムのときには、一キログラム落とすには一週間もいらなかったのに（わずか六日間）、後期には二〇週も必要なのです。こういう理由で、最初はどんどん落ちたのに後期にはなかなか落ちないわけです。

そこで、身長が低い人は、早く体重を落としたいと思うならば、後期になったら一日あたり一二〇〇カロリーではなくて、思い切って一〇〇〇カロリー、ときには、八〇〇カロリーでやってみるのもいいのではないでしょうか。そうすると、体重の減少もスムーズにゆくでしょう。

毎日、体重計にのろう

ダイエットを始めるにあたっては、体重計を必ず用意してください。今

しかも、できるだけ目盛りの細かい体重計を選んでください。今はなんでもデジタルのはなんでもデジタルの時代です。体重計にも、素晴らしいデジタルの製品があります。一〇グラム単位で計量できる製品もあります。予算の許す範囲でできるだけ目盛りの細かいものを選ぶと、ダイエットの楽しみが倍増するでしょう。

そしてダイエット中は必ず毎日、体重計にのってください。

体重計にのること、それ自体がダイエットの推進力になるのです。

毎日、体重計にのるのはダイエットの最中だけではありません。ダイエットに成功してからも実行してください。むしろ成功してからのほうが大切です。

体重を順調に維持しているときは、体重計にのるのが楽しいですからきちんとのるでしょう。しかし、再び体重が増えだしているようなときは、なんだか体重計にのりたくないものです。マイナス思考が顔をのぞかすのです。

そうして、しばらくぶりに体重計にのったときには、もう手遅れになっていることがあ

ります。そうなってからでは大変です。そうならないためにも、毎日体重計にのることが大切なのです。心にやましい感じがあるときこそ、勇気をもって毎日、体重計にのりましょう。

そして、測定した体重はグラフ化しておくと、増減が一目でわかり便利ですよ。

リバウンドしないために、やせたあとの管理

どうせやせたってリバウンドするのだから、とダイエットに挑戦している人を冷ややかに見る人がいます。特に、今まで何回もダイエットに挑戦して失敗した人たちです。

たしかにリバウンドしてしまう人は少なくありません。せっかく苦労してやせたのですから、元に戻してしまうのは惜しいことです。

どうして元に戻ってしまったのでしょう?

原因はカロリー計算の甘さと、少々の我慢不足だと思います。

そしていつの間にか初心を忘れてしまったからではないでしょうか。はじめは脱兎のごとく勢いこんで「さあ食べないぞ」とがんばっていたのに、やせたことでしだいに気が緩み、だんだん元に戻ってしまったのです。それがリバウンドです。

ときに、リバウンドは元の体重より多くなってしまうことがあります。たとえば一〇〇キログラムで始めたのに、リバウンドで一二〇キログラムになってしまうのです。そしてリバウンドを起こした人は必ず次のような言い訳をします。

「急激にやせたからリバウンドしたのです」と。

急激にやせようが、ゆっくりやせようが、リバウンドには関係ありません。リバウンドを起こしたのは食べたからです。初心を忘れて食べたからです。我慢がなかったからです。マイナス思考が出てきたからです。

しかし、これはしばしばダイエットの本に「無理なダイエットをしたから」とか「急にやせたから」リバウンドしたのだという記事がまことしやかに載っていることにも原因があるのでしょう。こういうことが書かれていると、普通の人は信じてしまいます。

無理なダイエットをしたからリバウンドしたのではないのです。

減量後に、我慢ができなくなって食べたからなのです。

無理なダイエットというのは、急激に減量することを指すのでしょうが、ダイエットはゆっくりやるほうがいいなどという科学的根拠はどこにもありません。

急激に減量しても、その体重を維持するためのカロリーを科学的に摂取すればリバウンドは起こらないのです。ゆっくりダイエットしたあとでもリバウンドする人はたくさんいます。「無理なダイエットがリバウンドを生む」と言う人たちはこれをどう説明するのでしょうか？

もともと太りやすい体質だから太っていたのですから、やせたからといって初心を忘れ、その体重を維持するカロリー以上に食べれば、それはすぐ体脂肪に変わってしまいます。でも、一日あたり一二〇〇カロリーで減量に成功したのですから、もう必ずしも一二〇〇カロリーを維持する必要はありません。減量成功後は、自分の標準体重と労働に応じてカロリーを増やしてください。

標準体重が六〇キログラムで軽労働の人なら、六〇×二五〜二九で計算してください。一五〇〇カロリーから一七四〇カロリー食べることができます。体重にかける数をどの程度にするのか、それは自分の労働を考えて判断します。多すぎれば太っていきます。少なすぎればやせていきます。

しかしそんなに毎日、正確にカロリー計算どおり食べられないかもしれません。そこで、毎日体重計にのるのです。体重計は正直です。カロリーが多すぎれば太っていきます。太ってきたことを早期に見つけることが大切です。太ってきたことがわかれば、軌道修正をすればいいのです。再び減量をすればいいのです。そうしていけばリバウンドということはないはずです。

太っていると、なぜ病気になるのか

医者は、みんな言います。

「やせなさい、やせなさい」「そんなに太っていると病気になりますよ」

では、太っているとなぜ病気になるのでしょうか？

人間はもともと、長い期間、太ったままでいることはないように生まれついている動物だからです。長い期間、太ったままでいることはなくても、短期間なら太ったままでいることもあったかもしれません。食料がたくさんあるときは食いだめもしたでしょう。

しかし、たいていの場合、食糧は不足していました。食料が不足してくると、その蓄えたエネルギーは放出しなければなりません。そこで太っているのはごく短い期間だったと思われます。

熊などの冬眠する動物は長い冬のあいだ太ったままでいますが、ほとんどの哺乳動物はいつもスリムにしています。スリムにしていなければ生きてゆけないからです。餌《えさ》を手に入れるということは敵と闘うことです。また走りまわることでもあります。そして、いつも他の動物の攻撃から身を守らなければなりません。そのためにも、逃げやすい状態、すなわち身軽にしておかなければなりませんから、いつも太っているようには体ができていないのです。

体が太らないようにできているのに太るから、いろいろな障害が出てきます。

言い換えれば、脂肪や糖を体に蓄えておくようには体ができていないのです。できていない体に、無理やり脂肪や糖をいっぱいためるから、それを処理できなくなり、細胞などが壊れるのでしょう。脂肪が肝臓にたまると脂肪肝になり、肝臓の細胞が壊れてしまいます。血管にたまると血管の細胞はどんどん壊れます。これが動脈硬化です。

糖が血液中に多いと糖尿病になります。そして、血管をどんどん壊していきます。血管が壊れると心筋梗塞が起こったり、脳卒中を起こしたりします。いわゆる、生活習慣病、成人病を引き起こします。

最近では太っているとガンさえも発生率が高まるという報告もあります。子宮ガンの一部が肥満に関係しているというのです。

体重と寿命との関係は、日本生命保険学会が発表しています。それによると、標準体重よりもちょっと小太りの人たちが一番長生きをしているそうです。ちょっと小太りです。決して肥満ではありません。

そのほかにも、膝《ひざ》が痛くなったり、腰が痛くなったりもします。それはそうでしょう。

いつも一〇キログラムも二〇キログラムも重い荷物を背負っていれば腰だって痛くなります。膝だって痛くもなります。痛いのですから荷物を下ろしましょう。荷物を下ろすこと、すなわち減量です。

荷物を下ろすと体は驚くほど軽くなりますよ。体にとって太っていていいことはありません。

豚に負けないように腹八分目

腹いっぱい食べることを「豚のように食べる」などと言います。養豚場で豚を見ていると本当によく食べています。ブウブウ言いながら、いつまでもいつまでも口をモグモグさせています。豚はたくさん食べてくれなくては困ります。食べて食べて、そして太ってくれないことにはお金になりません。

しかし「豚のように食べる」と言いますが、本当は決して腹いっぱいというほどには食べていないそうです。腹いっぱい食べさせたはずの豚を解剖してみると、どの豚も腹八分目だそうです。胃袋いっぱい、腹いっぱいまで食べている豚はいないとのことです。

ところが人間はどうでしょう。「ああ食った、食った」と腹をさすりながら、座っているのも苦しくなるほど食べます。そしてそれほど食べたのに、そのあとにまた、デザートの果物やケーキを「別腹、別腹」と言って口に入れます。まさに文字どおり腹いっぱいになるまで食べてしまいます。

「豚のように食べる」なんて言うのを豚が聞いたら怒りだしますよ。

豚は人間のように、腹いっぱいは食べないのです。

腹いっぱい食べているのは人間だけです。豚もしない恥ずかしいことはやめましょう。

カロリー計算が難しいと思う方は、豚の食べ方を見習ってください。満腹になるまで食べるのではなく、腹八分目でやめることです。そして、もう少し積極的に、豚よりも理性のある動物として生きたければ、腹七分目にしてみてはどうでしょう。目の前に食物があっても、まだ食べたくても、そこは我慢をするのです。意志の力です。自分に勝つ克己心です。プラス思考です。そうすれば必ず減量に成功します。

肥満者はロー階級？

昔は太っていることが富の象徴でした。

でっぷり太っている人といえば、村の庄屋さんか大店《おおだな》のご主人でした。彼らはたくさん、腹いっぱい食べられるお金持ちだったのです。腹いっぱい食べて、しかも動かなくてもよい身分だったのです。

しかし現代は違います。

アメリカの調査に面白いのがあります。スリムな人ほど経済的に余裕があり、しかも社会的に地位が高く、そして高学歴だったというのです。

またアメリカでは、自分の体重をコントロールできないような者が人の上に立てるわけがないということで、太った人は管理職になれないそうです。管理職になりたければ、スポーツクラブに入ってやせてこい、と言われるようです。日本よりもはるかに競争が激しいアメリカという国の一面を表わしていますね。

昔なら、食べ物がたくさんあるのが富の象徴でしたが、現代では、食べ物はよほど貧しくない限り、誰でも簡単に、安価に手に入れることができます。だから、太っているということが富の象徴ではなくなっています。

むしろ太っている人は、自分をコントロールできない意志の弱い人間として見られています。アメリカのように肥満者は経済的なロー階級とは言いませんが、心のロー階級かもしれませんよ。

ダイエットは和食で

和食でも洋食でも、腹いっぱい食べれば、どちらも高カロリーになります。しかし、一つ一つの食品、一食一食を比べてみると、和食のほうが低カロリーです。たとえば朝食を比べてみましょう。

和食では、ご飯（お茶わん一杯で一六〇カロリー）にみそ汁（三〇カロリー）、漬物やのり（ともにノーカロリー）、納豆（一パック四〇グラムで八〇カロリー）などです。

洋食では、パン（六枚切り一枚で一六〇カロリー）にスープ、ゆで卵（小一個八〇カロリー）にハム（ロースハム二枚で八〇カロリー）、ドレッシングのかかったサラダなどでしょう。

パン一枚はご飯一杯と同じ一六〇カロリーですが、パンはそのままでは食べにくいので、たいていの場合バターやマーガリンという脂を塗ります（約五〇カロリー）。ときには、ジャム（約五〇カロリー）などの甘いものを塗ります。ご飯はなんにも塗りません。これだけでも相当カロリーが違ってきます。

また洋食のスープは二〇〇〜三〇〇カロリーの高カロリーですが、和食のみそ汁は三〇カロリーです。

ゆで卵やハムは高カロリーですが、漬物やのりはノーカロリーです。納豆をつけ加えたって、和食ならまだまだ低カロリーです。

食後のお茶にしても、緑茶はなんにも入れませんからノーカロリーです。洋食ではコーヒー、紅茶にミルクを入れたり砂糖（三〇カロリー）を入れたりします。ここでも洋食のほうがカロリーは高めです。

このように、和食のほうが洋食よりも低カロリーなのです。

さらに和食のほうがカロリーを計算するにもずっと便利です。

主食のご飯は一杯が一六〇カロリーと、すぐに計算できます。パンは六枚切り一枚ならご飯と同じ一六〇カロリーですが、バターを塗ったり、ジャムを塗ったりすると計算が複雑になってきます。

和食ではみそ汁のカロリー計算も約三〇カロリーと決まっています。しかしスープは油が多いか少ないか、また、材料によってカロリーが変動します。

ダイエットをするなら、カロリーが低いことと、カロリー計算が簡単なことの二つの点で和食が圧倒的に有利です。

栄養の不足を心配する方へ

　太っている人に「もう少しやせましょう」と言うと、「ダイエットをすると骨粗鬆症《こつそそうしょう》が心配です。栄養不足になるのではないですか」と言う人がいます。骨粗鬆症を心配している人は、牛乳（一二〇ml で八〇カロリー）をたくさん飲んでいます。そして栄養不足を心配する人は、三〇品目をとろうと必死になって食べています。それがカロリーのとりすぎになっているのです。

　ダイエットをしているあいだは、そんなに栄養に気をつける必要はありません。

　こう言うとすごく乱暴な言い方と思われるでしょうが、現代人が、特に今の日本人が、栄養不足になることなどめったにないのです。

　私は牛乳を飲むなと言っているのではありません。ただ、骨粗鬆症が心配だからといって牛乳をたくさん飲んでいると、その牛乳でカロリーオーバーになってしまいますよ、と言いたいのです。

　牛乳をたくさん飲んでいる人は、牛乳にはカロリーなんてないだろうと思っているようです。とんでもありません。牛乳は高カロリーの食品です。コップに二杯飲むと、お茶わんにご飯を一杯半食べたのと同じ二四〇カロリーもあります。好きならば飲んでもかまわないのですが、牛乳にもしっかりカロリーがあることをわかって飲んでほしいのです。

ときどき「減量中も牛乳を一日一回はとりましょう」などと言っているダイエット本を見かけることがあります。減量と牛乳にどういう関係があるのでしょうか？　なぜ一日一回はとらなければならないのか、その科学的根拠はどこにあるのでしょう？　本当に理解に苦しみます。

三〇品目にこだわっている人も、こだわるならこだわってもいっこうにかまわないのですが、量に気をつけてください。三〇品目だけにこだわっていると、高カロリーになって、決してやせられないからです。

運動とカロリー

1章でも書きましたが、「ちょっと太りすぎですよ」と言うと「運動が足りないのですね」という答えがしばしばかえってきます。

たしかに運動をしないとやせないことも事実です。しかし、運動を全然しなくても、食べる量が少なければやせることも事実です。

むしろ、食べる量を減らしたほうが早くやせられます。

「運動が足りないのですね」と言う人は、運動によるカロリーの消費は意外に少ないということを覚えておく必要があります。

グリコのキャラメルの箱には、走っている男の姿と「ひとつぶ三〇〇メートル」と書いてあります。キャラメル一粒は一五カロリー弱でしょう。約一五カロリーで三〇〇メートルも走れてしまうのです。

ご飯をお茶わんに軽く一杯食べると一六〇カロリーですから、それだけで三〇〇〇メートル以上も走れることになります。

しかし逆に言うと、ご飯一杯のカロリーを消費するのに三〇〇〇メートル以上も走らないといけないのです。

もちろん、運動の大切さを否定するつもりはありません。運動は大事です。

また、運動を狭い意味でとらえるのではなく、「運動＝よく動くこと」ととらえることが大切です。減食をしながら運動もすれば、運動は減食の効果をいっそう引き出します。是非、体を動かすようにしてください。

次に運動によってエネルギーがどのくらい減少するかを載せておきます。参考にしてください。

ジョギング（一・五キロメートルを一〇分で走る）　一二五カロリー
自転車（三キロメートルを一〇分で走る）　一二四カロリー
テニス（一〇分）　八〇カロリー
ボウリング（一〇分連続）　七八カロリー
水泳（クロール一〇分）　五六カロリー

意外に消費エネルギーが少ないのがおわかりでしょう。

フルマラソン四二・一九五キロを走ったって体重一キログラム（＝七〇〇〇カロリー）は減らないのです。フルマラソンを二回続けてやっと体重一キログラム落ちる計算です。

しかし運動は大事です。減食だけでは筋肉が落ちてしまう可能性があります。筋肉が衰えると、熱の産生が悪くなります。熱の産生が悪くなると新陳代謝が悪くなり、エネルギーの消費が悪くなります。これはダイエットには不向きですから、筋肉の減少はくい止めなくてはなりません。

そのためには持久力の運動だけではなく、筋肉運動もしたほうがいいでしょう。ダンベル体操を推奨している学者もいます。たしかにダンベル体操は理にかなっていると思います。重い物を持つことも筋肉運動です。左右の手のひらを胸の前で押し合う運動も筋肉運動です。柱を力いっぱい押してみてください。これも筋肉運動です。

自分で工夫すればいくらでも筋肉運動は見つかります。会議で座っているときに、両手で片一方のももを強く押します。同時に押されているももは上方に強く上げようとします。手とももの反発運動です。こうすれば上肢と下肢の筋肉運動になります。

このような方法をとれば手でも、肩でも、首でもどこでも運動になります。テレビを見ているときでも、電車に乗っているときでも、いつでも筋肉運動が可能です。

デブと言われないようになろう

太っている方は「デブ、デブ」と言われて、つらい思いを何回もしたことでしょう。

デブという言葉は、肥満という障害に対する差別用語だからやめるべきだと言う人がいます。しかし、ほかの差別用語とはちょっと趣を異にしているようです。障害に対する差別用語というのは、本人がなりたくてなったのではなく、また、自分の意志だけでは治すことができない障害を軽蔑的に言う言葉です。

たとえば「ちんば、びっこ」「めっかち、めくら」などです。誰も足が不自由になりたくてなったのではないのです。なんらかの理由で生まれつきなったかもしれません。病気やけがの後遺症かもしれません。

それは本人の努力だけではどうにもならないものです。自分で治そうと思っても治らないのです。本人の努力が足りないからではないのです。「ちんば、びっこ」と言うのではなく「下肢障害者、肢体障害者」と言うべきです。

「めくら」だってそうです。生まれつきそうなるようにできていたのかもしれません。あるいは、病気やけがの後遺症かもしれません。「めくら」という言葉ではなく「視力障害者」と呼んでほしいものです。

「精薄」という言葉も同じくひどい差別用語です。「精薄」とは精神薄弱者の略ですが、精神が薄弱とは限りません。むしろ、精神は強固で、一つのことをじっくりと嫌だと言わずにやりとげる強い精神をもっている場合も多々あります。ですから、「精薄」という言葉はまったくふさわしくありません。「知力障害者」と呼ぶべきです。

むしろ食べたら太るとわかっているのに、それをやめられず、いじきたなく食べる人のほうが精神の薄弱者ではないでしょうか。

そして、「デブ」になったのは誰のせいでもありません。自分でなったのです。意志さえ強ければ「デブ」にならないでもすんだのです。また、意志さえあれば自分の力でその

「デブ」を解消できるのです。そういう意味で「デブ」というのは「ちんば、めくら、精薄」といった差別用語とは本質的に違っています。もちろん、薬の副作用で太ってしまう場合などもありますから、絶対に本人のせいだとは言えないでしょうが、たいていの場合は本人に起因するでしょう。

「やせっぽち」という言葉は「デブ」とは少々違います。「やせっぽち」はなりたくてなっていないことも多々あります。体質的に太れない人もたくさんいます。そういう意味で「やせっぽち」というのはいくらか差別用語的だと思います。ま、それでも「デブ」という言葉も決していいわけではありません。

「デブ」と言われないように、ちょっと努力しましょう。努力すればこの障害は立派に治るのですから。

肥満は立派な病気

太っているとなぜ病気になるか前に書きましたが、実のところ肥満そのものが厚生労働省も認める疾病、病気です。それには「肥満症」という病名がつきます。

この病名でちゃんと健康保険が使えます。病気でないと健康保険は使えませんから、健康保険が使えるということは立派な病気なのです。

ですから、太っていることを病気だと自覚することが大切です。

病気だと自覚してこそ、治そう、治療しようという気がおこるのです。病気だと自覚しないと「なんで治療しなけりゃならないの」ということになり、いつまでも治りません。肥満は病気です。立派な病気なのです。

早く治さないとさまざまな合併症が起きてきます。高血圧、脳卒中、心筋梗塞、糖尿病、膝《ひざ》関節痛、腰痛などいろいろあります。最近はガンさえも誘発されるということがわかってきました。

肥満者の人たちの食べ物に対する異常なほどの執着心も病気です。

外から帰ってきたらすぐに冷蔵庫を開けてみたり、家族の者に「ただいま」も言わずに「食べるものなんかなーい」と言ってみたりするのも病気です。

「やせましょう」と私が言うと「食べないと目がまわります」と言うのも、食べ物に対する異常な執着心です。これも立派に病気です。

一食や二食抜いたって目なんかまわりません。口から食べなくたって、体の脂肪がちゃんとエネルギーを供給してくれますから、活動するのになんら支障はないのです。

目がまわると言う人はまだしも、一食抜いただけでも、死んでしまうかのように慌てる人がいます。もうこうなれば立派な神経症ですね。

目の前になにか食べ物があると、手を出さずにいられないのも病気です。食べ物に対する我慢というものがまったくないのです。

さあ、自分は病気なのだと自覚してください。その自覚が病気を治す特効薬になります。

やせさせる側の裏話

人をなにかに向かわせるには三つの方法があります。

一つは褒めること。二つ目は脅かすこと。三つ目は辱めることです。

戦争中は兵隊を戦地に送り出さなければなりません。戦地に行くことは死を意味しますから誰も行きたくありません。行きたくない兵隊を戦地に送り出すには、立派に任務を果たすことは名誉なことだ、偉いことだと盛んに褒めたたえます。

そして裏では、戦争に反対するやつは国賊だと脅し、銃殺を用意しました。こうなっては、もう行かざるをえません。

さらに戦争に行けないような貧弱な体の持ち主は恥だと宣伝しました。敵に捕まって捕虜になるのも恥です。勇ましく死なない者は恥さらしです。これが辱めという手法です。

褒めて、脅かして、辱める――この三つの手法で国民を戦争に駆りたてたのです。

私はこの三つの手法をダイエットに応用しています。

一つは褒めることです。食事をコントロールして、立派にやせたら、おおいに褒めたたえます。意志の強いことを共に喜びます。

その次は脅かしです。医者ですから、病気でもって脅かします。脳卒中で死にますよ。眼底出血で失明しますよ。脂肪肝で肝臓病になりますよ。息が切れて、動悸がして歩けなくなりますよ、という具合です。女性なら子宮ガンになりやすいですよ、などと言います。これでやせる人もずいぶんいます。病気は怖いですからね。

次は辱めです。「デブ、デブ」を連発します。やせないのは精神薄弱者だと言います。食べれば太る、食べなきゃやせる――こんな単純なことがなんでわからないの、と言いつづけます。デブはみっともないと指摘します。自分の体を鏡に映してごらんなさいとも言います。この、辱めの方法も利き目がありますよ。

やせさせる側もいろいろ考えて苦労しているのです。どうかその苦労に報いてください、と言うと、これは泣き落としという手法です。

甘いものを食べてもいい

3章で「間食をしよう」などという逆説的な言い方をしたついでに、もう一つ。

実は私は、「甘いものを食べたければ食べなさい。そのほか、何を食べてもかまいませんよ」とも平気で言います。減量するからといって、食べてはいけないものはありません。どうです、安心したでしょう。これが科学的な考え方です。プラス思考です。

積極的に甘いものを食べてダイエットしようとは言いませんが、甘いものは絶対に食べてはいけないとは決して言いません。原則的には好きなものを食べればいいのです。でも、なぜ世間では「甘いものはいけない、甘いものは太る」と言うのでしょう。

それは、甘いものをほかの食品と比べてみたときに、同じ目方、同じ量では、甘いものはカロリーが多いからです。

たとえば、まんじゅうは二五グラムで、お茶わん半分のご飯と同じ八〇カロリーになります。まんじゅう二五グラムというのは小さいの一つほどです。これで、お茶わんに半分ご飯を食べたのと同じなのです。そこでご飯を食べたのに、さらにまんじゅうを一つ食べたのでは、カロリーオーバーになってしまうでしょう。

ショートケーキも同じく二五グラムで、お茶わん半分のご飯と同じカロリーになります。チョコレート、かりんとうは一五グラムでご飯半杯と同じです。

チョコレート一五グラムというのは小さなかけら三つほどです。かりんとうの一五グラムは小三本程度です。つまり少量で、高カロリーなのです。そこで、甘いものは太りますよということになるのです。

しかし、そういうことがしっかりわかっているならば、甘いものを食べてもいっこうにかまいません。甘いものを食べたのだから、ご飯を少し減らそうとか、おかずを少し減らそうと思えばいいのです。ダイエット中は甘いものは絶対にダメだという理由は全然ないのです。

ときには、甘いものを口にして楽しくやせるのもいいですよ。おなかがすいたときにちょっとチョコレートをかじってごらんなさい。空腹感がスーッとなくなっていきます。そして、その次の食事のときはまた、減食・低カロリーでがんばりましょう。

私はチョコレートが好きです。ダイエットの最中でも間食にときどき食べます。すると周りの人は「チョコレートは太るよ」と言います。たしかにチョコレートは高カロリーですから、たくさん食べれば太るに決まっています。

しかし私が食べるのは、二cm×二cmほどの小さいかけらです。重さは一〇グラムです。

たった一〇グラムしかないのです。ということは、この一〇グラムが完全に消化吸収されたとしても一〇グラム体重が増えるだけなのです。小さな一〇グラムのチョコレートが、食べたとたん一キログラムに増えることは絶対にありません。一〇グラムが一キログラムにならないことは誰にでもわかることです。

ですから、私がチョコレートを食べているときに「太るよ」と言うのは、正しいようで正しくない言い方です。正確には「一〇グラム体重が増えるよ」というのが正しいのです。一〇グラムほど体重が増加したって、「太るよ」と言うほど太ったことにはなりません。このことは、ほかの甘いものどれにでも当てはまります。羊羹《ようかん》でも、ケーキでも、まんじゅうでも同じことが言えます。少量をわかって食べるのなら、甘いものを食べても体重増加には結びつきません。そこで「甘いものを食べてもいいですよ」と説明しているのです。

酒は飲みたければ飲んでもいい

「甘いものを食べてもいいですよ」と言ったついでに「アルコールもいいですよ」とも言っておきます。こんなことを書いてあるダイエットの本はどこにもないでしょう。

それが、この本のユニークな点です。科学的思考なのです。

アルコールが好きな人がダイエットに入ると、たいていの場合、その好きなアルコールをやめようとします。医者もアルコールをやめるように指導します。そして、ダイエットの苦しみと、アルコールを絶った苦しみの二重の苦しみ、二重のストレスを我慢します。我慢して我慢して減量する必要なんてないということは何度も書きました。もちろん、我慢も少しはしなければなりません。しかし、絶対にアルコールを飲んではいけないという科学的根拠はどこにもありません。

なぜなら、アルコールは肥満の原因にはならないからです。

そう言うと「だってビール腹というのがあるではないですか」と反論されますが、それもビールが悪いのではなく、「つまみ」が悪いのです。たいていの場合、つまみというのは高カロリーです。ピーナッツは一三粒（八〇カロリー）も食べれば、ご飯半分食べたのと同じカロリーになります。チーズも高カロリーです。おでんの練り物も高カロリーです。ヤキトリ（一串八〇カロリー）も非常に高カロリーです。

そういう高カロリーのものをつまみとして食べるから太るのです。アルコールには責任はありません。アルコールはほとんどノーカロリーです。

こう言うと、必ず医師からも栄養士さんからも反論が返ってきます。アルコールは一グラムあたり七・一カロリーと教科書に書いてあると言うのです。たしかにアルコールは一グラム当たり七・一カロリーある高エネルギー産生食品です。そこで、清酒一合（ビール大瓶一本、ウイスキーダブル一杯、いずれもアルコール量は約二三グラム）は約一六〇カロリーのエネルギーの産生がみられます。しかし、ほとんどが体内で熱源としては有効に利用されません。

正確に言うと、カロリーはあるにはあるが、すぐ燃えてしまって蓄積されないカロリーがあるということです。つまりアルコールを飲むと、体がほてり（血管の拡張）、心臓の鼓動が早くなり、酸素消費量が増大し、アルコールのカロリーはどんどんと消費されていってしまい、体に残らないのです。栄養学的にはエンプティーカロリー（空のカロリー）、すなわち見かけだけのカロリーとみなされているのです。

アルコールにはエネルギーはあるが、カロリーはないということを証明した実験があります。アルコールにカロリーがあるのなら、アルコールだけで動物を育てたら太るはずです。しかし、どの実験動物もやせていきます。それはアルコールには太らせる力、つまりカロリーがないからです。

ということで、アルコールはノーカロリーと言っても間違いではありません。苦しいダイエット、我慢しなければならないダイエットですから、なるべく我慢を少なくしたほうがいいはずです。そのためにはアルコールは飲んでもかまいません。ただし、つまみに気をつけてくださいというわけです。

事実、私の患者さんにも、酒を飲みながら立派に減量に成功した人がいます。彼は、つまみに徹底して野菜、漬物を選んだそうです。それでいいのです。

といっても、飲みすぎていいわけはありません。飲みすぎには十分注意してください。

タバコと減量、タバコはやめよう

やせるための道具、太らないための道具としてタバコを吸っている人がいます。

たしかに、タバコはそういう作用をもっています。しかし、これはいかにも邪道です。なぜかというと、タバコそのものが体に悪いものだからです。

ガンになる率や、心臓病になる割合は、肥満者よりも喫煙者のほうがずうっと多いのです。タバコを吸ってやせるより、タバコを吸わずに太っていたほうが、健康のためには、はるかにいいと思います。

タバコはたんなる嗜好品ではありません。「死行品」と書くのが正しい嗜好品です。吸えば確実に、死へと一歩近づく、そういうものなのです。

私たちは、もう少し長生きをしたい、しかも健康で長生きをしたい、もう少し美容上優位に立ちたい、そんな気持ちでやせたいと思っているのです。ですから、タバコを吸って、命を縮めてまでやせる必要はありません。それに美容上からも、喫煙は肌によくありません。タバコを吸うことによって、肌に大切なビタミンCがものすごい勢いで消費されてしまうからです。ビタミンC不足の肌、いいわけありませんよ。勇気をもってやめましょう。

やせる方法は、タバコを吸わなくたって、いくらでもあります。

今日一日だけがんばろう

ダイエットは基本的につらいものです。つらくないダイエットなんていうのはないのです。ですから、なんとか少しでもつらくないように、あの手この手で指導しているのですが、それでもやっぱりつらいものです。

これを三か月も四か月も続けるのです。ときには、一年以上続けなくてはなりません。これが事実です。三か月、四か月続けるのかと思うと気がめいります。しかし三か月、四か月も一日一日の積み重ねでできています。

そこで、「今日一日だけがんばろう」と思うのです。今日一日が終わると、翌日になります。そこでその翌日も、「今日一日だけがんばろう」と思うのです。「明日も、明後日も、その次もがんばろう」と思うのでなく、その日その日、「一日だけがんばろう」と思うのです。そして夜、寝床に入ってから今日一日がんばった自分を褒めるのです。よくやった、よくやったと。

アルコール依存症の患者さんにも同じように指導します。

「これから一週間、一か月、一年、一〇年断酒しようとは思わないでください。今日一日だけ飲まないようにしましょう」と指導します。そして明日になったらまた、今日一日だけがんばろうと指導します。そしてその一日一日の積み重ねで、一週間、一か月、一年と断酒するのです。

そうやって酒を飲みたくて飲みたくてしょうがない人が、一年、二年と断酒を積み重ねてゆきます。本当にすごいことです。飲酒しているときは「アル中、アル中」と呼ばれ、意志の弱い人の代表であったのに、そういう人が酒をやめるのです。

アルコールは薬理学的にはモルヒネに匹敵するほどの強い麻薬作用があります。ですからアルコールを突然中止すると、幻覚や幻視、幻聴などが起こります。壁から人の声が聞こえてくるとか、そこにいないのにゴキブリがいると言ってみたりします。アルコール依存症は麻薬中毒と同じなのです。やめると強い禁断症状が起こってきます。それなのに立派にアルコールをやめて社会復帰するのです。たいした意志の強さではありませんか。

それに比べて、食べ物は急にやめても禁断症状は絶対に起こりません。

さあ、太っている人もがんばろうではありませんか。「デブ、デブ」と呼ばれ、なんで食べるのかと白い目で見られ、意志の弱い人に見られています。アルコール依存症ですら克服できるのです。さあ、食べ物の依存症から立派に卒業しましょう。

食べ方次第ではなんでもおいしくなる

世の中「グルメ、グルメ」と、おいしいものを探し求めています。テレビでもグルメ番組は大流行です。しかし、昔ほどおいしく感じるものは少なくなったような気がします。

昔は、お寿司（にぎり並五〇〇カロリー前後）は大のごちそうでした。今は違います。気軽にお寿司を日常的に食べていますから、もうごちそう中のごちそうではなくなってしまいました。天ぷらもそうです。カニも昔はめったにお目にかかれませんでした。ウナギ（中一串三二〇カロリー）もそうです。

かつては旅館やレストランでしか食べなかったさまざまな料理を、今では日常的に安価に食べることができます。中華料理もフランス料理もそうです。その分、本当に食べたいものがなくなってきたようです。

しかし、どんなものでも、食べ方次第ではおいしくなります。

山に登って流れるような汗を流したあと、遠くの山々を眺めながらおにぎりを食べてみてください。おいしいですよ。なかに梅干しが一つ入っているだけですが、こんなにおいしいものがあるかと思うくらいおいしく感じます。こういう経験は誰にでもあるはずです。

ビールのおいしい飲み方もあります。汗をいっぱいかく労働をしてみてください。汗が目に入り、背中のシャツがぐっしょりし、手ぬぐいも汗でびっしょりになるほど働いてみてください。そうして一仕事終わったときに飲むビールはうまいですよ。ビールでなくても、ただの水でも「うまーい」と口に出すほどおいしいものです。

特別に変わったおにぎりでも、ビールでもないのです。汗を流したことが、おにぎりやビールをおいしくさせたのです。このような食べ方、飲み方をすると、なんでもグルメになります。グルメは探すものではなく、自らの手で作り出すものです。

ダイエットしているときは、なんでもおいしいものです。おなかを減らして食べる一口。これしか食べることができないと思う気持ち。いやでもよーく噛みます。また、よーく味わいます。そうなるとなんでもおいしく感じられます。

また、自分が好きなものは、わざと日常的に食べないようにします。この方法は好きなものをよりいっそうおいしく食べるコツでもあります。たとえば、ウナギの好きな人は、好きだからといって頻繁に食べるのではなく、一年に一回だけ食べるようにするのです。そうすると、ウナギを本当においしく感じます。

私はカレーパンが大好きです。いつでも食べたいほど大好きです。しかし、それを二年か三年に一回しか食べないのです。久しぶりに食べるカレーパンは、それはそれはおいしいものです。みなさんも好きなものを二年か三年我慢して食べてごらんなさい。とびきりおいしいですよ。ほっぺたが落ちる感じがよーくわかると思います。

もう一つ、感謝の気持ちをもって食べると、もっとおいしくなります。そして、食べるときに「うまーい！」と声に出すのです。そうするとまた一段とおいしくなります。おいしいものを探すのではなく、おいしくなるように気持ちを切り替えることが大切です。

みなさんは食事の際に、ちゃんと「いただきます」と言っていますか？　そして食事後には「ごちそうさまでした」と言いますか？

「いただきます」――いい響きの言葉ですね。食事を「いただく」のです。ただ、食べるのではないのです。ましてや「食う」のでもないのです。「いただきます」という言葉には感謝の心があります。食事を食べさせていただくのです。食物に心からの感謝と、作ってくれた人、運んでくれた人、そのほかもろもろの人に感謝している言葉が「いただきます」になっています。金を出したのだから当り前という尊大な気持ちは、食事に対して恥ずかしいですね。ありがたい、ありがたい、感謝、感謝です。「いただきます」と同時に手を合わせる人がいます。すがすがしい光景です。

「ごちそうさまでした」という言葉もいいですね。ありがとうの感謝の心が満ち満ちています。こういう感謝の心が、食事を本当においしいものに変えていきます。「何を食べるか」ではなく、「どのように食べるか」が問題です。

さあこれからは「いただきます」「ごちそうさまでした」でゆきましょう。そしてなにごとに対しても、感謝、感謝です。感謝に値しないものは一つもありません。感謝の気持ちはプラスの気持ちです。積極的な気持ちです。

「いただきます」の前に声を出して笑ってみるのもいいですよ。プラス思考で、消化液がぐんぐん出てくること間違いありません。

人間は肉食動物ではない

人間の祖先は樹の上で生活をしていました。樹の上では木の実、葉っぱが主食だったでしょう。木の上の生活から地上に降りた先祖の食料も、ほとんどが植物性であったと思われます。人間という動物は、弱い動物ですから肉食にはなりえなかったのです。

けれど人間も集団生活を始めて、道具を使い出すと、大きな獣を捕まえることができるようになり、肉を口にするようになりました。しかし、基本的には植物性だったでしょう。特に日本人の食性は、ほとんど植物性と言ってよいと思います。

体のつくりを見ても、人間は植物を食べるようにできています。繊維をすりつぶすための歯、繊維を消化するための腸、消化酵素など、どれをとっても植物性食品を食べる動物の構成です。

しかし文明の発達に伴い、いろいろな食物を口にするようになり、動物性の食品も多く口にするようになりました。人間は器用な動物ですから、いろいろなものを食べることができるのです。動物学的には食性が広い動物と言えます。草しか食べない牛、ユーカリの葉っぱしか食べないコアラなどとは違うのです。なんでも食べることができる動物、それが人間です。なんでも食べることができるから雑食性とも言われています。

しかし本来はベジタリアン、菜食主義者なのです。動物性の食品をいっさいとらなくても生きてゆけます。むしろ、そのほうが長生きをしているというデータもあります。人間の体を作っている肉は、肉を食べているからできたのではありません。米からだって、果物からだって、いもからだって肉はできます。牛や象を見てください。草を食べて大きな肉を作っています。肉を食べるから肉ができるのではないのです。

牛乳を飲まないとカルシウムがとれない、と思っている人たちがいます。それでは牛乳のカルシウムはどこからきたのでしょう。牛が牛乳を飲んだからではありません。牛が食べた草が牛乳になったのです。そして草のなかのカルシウムが牛乳のなかに入ってきたのです。牛乳のカルシウムは草からきたのです。ですから牛乳を飲まないとカルシウムがとれないということは決してないのです。小松菜などの葉っぱには、たくさんのカルシウムが含まれています。

肉食が悪いとは言いません。牛乳が悪いというのでもありません。卵もいいですよ。好きならどうぞ食べてください。

でも、嫌いなら無理に食べる必要がないことを強調しておきます。

『食品交換表』を利用しよう

毎日食べている食品、食事について、それがどのくらいのカロリーをもっているのかを知ることは大切なことです。しかし、知らなくても、今までの話を十分理解し、実行しさえすれば絶対にやせられます。

そうはいっても、楽しく、確実にやせるためには、もう少し知識をもったほうがいいと思います。そのもう少しの知識というのが、一つ一つの食品、一回一回の食事のカロリーが、どれくらいあるのかを知ることです。

カロリー計算が自由にできるようになると、ダイエットがいっそう面白くなります。これは二〇〇カロリーだから、あと一二〇カロリーは食べられるなとか、これで六〇〇カロリーだから、もうやめておこうとか、科学的に計算ができるわけです。

昼はあそこでショートケーキを食べたから、夕飯は二〇〇カロリー減らしておこうなどと自分の食事を自分で管理できます。これはひとつの楽しみです。

さあ、そこでカロリーを覚えましょう。これはそれほど難しいことではありません。なにごとも最初は億劫なものです。「私にもできるかな?」という気持ちが起こってくるものですが、だいじょうぶです。ここにすばらしい教科書があります。

前のほうでも紹介した日本糖尿病学会編集の『食品交換表』(文光堂)です。

これは見れば見るほど味のある本です。読めば読むほどとあえて言わないのは、読む必要がないからです。寝っころがって、ただ眺めていればそれで十分理解できます。毎回毎回、食事のたびに自分の食事、食品のカロリーはどうなっているかをこの本で点検してゆくだけで、一週間も経つと、カロリー計算がほとんどわかってくると思います。

カロリー計算ができなくても、感覚的に、なんとなく漠然とカロリーがわかってきます。

感覚的にわかってくればしめたものです。わからないところは、この本をめくればいいのです。本屋さんに注文してもいいし、たいてい糖尿病外来や食事指導をしている病院・診療所にあります。是非、利用してみてください。

通常の〈やせるための本〉には、必ずいろいろな食品や食事の見本が載せてあるものですが、私はあえてそうせずに、その項は『食品交換表』に譲りたいと思います。

私がつたない文章で説明するよりも、はるかにみなさんを納得させてくれるはずです。

食品の単位を覚えよう

カロリーの計算をするのに、単位というものを理解するとたいへん便利です。

八〇カロリー＝一単位。これが基礎です。そして一単位とは、ご飯五〇グラム（お茶わんに半杯）のもつカロリーです。お茶わん一杯ですと一六〇カロリーで、二単位になります。これが基本になりますから、十分よく理解してください。

ここで一つ注意があります。お茶わん一杯というのは、かるーく一杯だということです。私たちが普通につぐと、すぐ一〇〇グラムを越えてしまいます。

ですから、これからは自分流ではなくて、一度、秤《はかり》で一〇〇グラムになる量を確認して、それをお茶わん一杯分として覚えてください。なんだかさみしいなと思うでしょうが、そこは、我慢、我慢！

そして自分の食事は、何単位かを常に計算するのです。一つ一つの食品はカロリーで計算したほうが便利ですが、食品群＝食事の計算は単位のほうが便利なことがあります。

◇主食の類について

ご飯　　お茶わん一杯　　　　　　　　　二単位
パン　　六枚切り一枚　　　　　　　　　二単位

お茶わん一杯のご飯が二単位。パンなら一枚が同じ二単位です。秤《はかり》ではかるとパン一枚は六〇グラムです。意外にパンはカロリーがあるものです。

うどん（ゆで）は八〇グラムで一単位。かけ一杯で三・五単位です。

そば、そうめん（ゆで）は六〇グラムで一単位です。つるつると簡単に食べてしまうのですぐに高カロリーになってしまいます。要注意です。

もちは三五グラムで一単位。これは実際に秤ではかって覚えてください。

◇つまみについて

ピーナッツ　一三粒　一単位
プロセスチーズ　二〇グラム（扇形のもの4/5個）　一単位
ポテトチップス　一〇枚　一単位

このように、つまみというのはたいへんカロリーが多いものです。ピーナッツの一三粒ぐらいあっという間に食べてしまいますので、十分な注意が必要です。

やせたい、やせたいと言っていた人のつまみを見て驚きました。一度にヤキトリを一五串食べているのです。これではやせるはずがありません。ヤキトリ一串は約一単位です。一五串も食べたら、八〇カロリー×一五単位＝一二〇〇カロリーなので、ヤキトリだけで一日のカロリーすべてが終わってしまいます。

ダイエット中もアルコールは飲んでもかまいませんが、つまみに十分注意をしてください。つまみに注意をはらえば、アルコールを飲みながらでも立派にやせられます。飲むときも、しっかりカロリー計算をしましょう。

◇清涼飲料などについて

ほとんどすべての缶入りの飲み物一缶（二〇〇〜三五〇ml）　一単位以上意外にカロリーが多いのに驚いたと思います。のどが渇いたからといってコーラやサイダー、缶コーヒーをガブガブと飲んだら、もう一単位を越えてしまいます。ご飯を半分以上食べたことになるのです。

「食べていないのにやせないのです」と言っていた奥さんがいました。よく聞いてみると、買い物の行き帰りに必ず缶コーヒーを一本ずつ飲んでいたことがわかりました。行き帰りに、ご飯を半杯ほど食べていたのと同じです。これではやせられないはずです。

清涼飲料・ジュース・缶コーヒーなどは糖分が多いのです。糖分のとりすぎを気にして、喫茶店でコーヒーを飲むときは砂糖を入れないか、ちょっとしか入れない人でも、コーラを飲むときはまったく気にせずゴクゴクと飲んでいます。そのなかには砂糖が二〇〜三〇グラムも入っていることを知らないのでしょう。喫茶店のコーヒーに入れる砂糖なんて、スティック一本全部入れてもせいぜい六グラムです。ですから、缶入りの水物がいかにたくさんの糖分を含んでいるかがわかると思います。

天然果汁のジュースはコップ一杯（二〇〇ml）で八〇カロリーです。オレンジジュースにもトマトジュースにもしっかりカロリーが存在します。のどが渇いたからといってガブガブ飲むのはやめましょう。

のどが渇いたら、水を飲みましょう。水はノーカロリーです。

現代の人々はマスコミの宣伝によって、缶やペットボトル入りの飲み物を口にするほうが、水を飲むよりリッチであるかのように思っています。夏の暑い日に、駅で水道の水を飲むのはカッコわるいと思っています。

そんなことはありません。のどが渇いたら水。決して恥ずかしいことはありません。缶ジュースを飲んでいるほうが、マスコミに洗脳されて自己を失った恥ずかしい姿だと思いましょう。駅でも公園でも、安全な水が自由に飲める国は日本以外にはないでしょう。水を飲みましょう。

◇果物について

果物に対しても誤解が多いようです。

果物はカロリーが少ない、またはカロリーがない、そう思っている人がけっこういるのです。これはとんでもない誤解です。

みかん	中二個	一単位
すいか	普通の一切れ	一単位
いちご	一二〜一三粒	一単位
りんご	中1/2個	一単位
バナナ	中一本	一単位
ぶどう	中三〇粒	一単位
か　き	中一個	一単位
も　も	大一個	一単位

このように、すべての果物にカロリーがあります。少ないどころか、かなりのカロリーがあるのです。みかんが好きだからといって一日に五個も六個も食べる人がいますが、そんなに食べると、みかんだけで三単位ぐらい摂取したことになります。

すいかが好きだからといって、大きく切ったのをバクバク食べると、これだけで二〜三単位になってしまいます。

ぶどうなどは一粒一粒が小さいので、自覚しないうちにカロリーがすぐに増えてしまいます。果物にもカロリーがあることを十分胆に銘じておきましょう。

◇野菜について

いも類、かぼちゃ、れんこん、とうもろこし、ゆりね、まめ類などはカロリーが多いので糖質として扱います。葉っぱの多いものは、三〇〇グラムで一単位と計算します。三〇〇グラムというのはずいぶんと多い量です。ですからふだん、野菜はノーカロリーと計算してもかまいません。たくさん食べたなら一単位を計上しておきましょう。これを上手に利用して、腹が減ってしょうがなければ、ふだんの食事に野菜をたくさん食べることです。

生では、思ったほどは食べることができないものです。そこで煮るのが一番です。煮ればたくさん食べることができて、おなかにたまります。そしてカロリーも少ないので、安心してたくさん食べることができます。満腹感が味わえるのです。やせるためにおおいに利用しましょう。

◇肉類について

牛　肉　　かた、ひれ、もも　　四〇グラム　一単位　（あぶら身を除いたもの）

豚　肉　　かた、ロース　　　　四〇グラム　一単位　（あぶら身を除いたもの）

豚　肉　　　ひれ、もも　　　　六〇グラム　一単位（あぶら身を除いたもの）
とり肉　　　むね、もも、手羽　四〇グラム　一単位（皮付きで骨のないもの）
とり肉　　　ささみ　　　　　　八〇グラム　一単位
牛・豚・とり　ひき肉　　　　　四〇グラム　一単位

肉類は、このように少量で大きなカロリーをもっています。

とり肉を食べているからだいじょうぶと思っている人がいますが、それはとんでもない間違いです。とりだって、牛だって、豚だって、たいして変わりはありません。

ロースハムは二枚で一単位です。やせようと努力しているあいだは、ロースハムのような少量でカロリーの高いものは避けたほうが無難だと思います。

魚は、概してカロリーが低いようです。

私自身のダイエット体験記

私の身長は一六七cmです。本当は一六八・五cmと言いたいのですが、あるとき、なにげなく身長計にのったら一六七cmしかないではないですか。長いこと一六八・五cmで通してきましたが、年とともに縮んでしまったようです。

そうなるとＢＭＩで計算する標準体重も、残念ですが違ってきてしまいます。みなさんも自分の身長をもう一度はかり直してください。きっと縮んでいますよ。縮んでいると標準体重はもっと少なくなります。悔しいでしょうが、しかたがありません。

私も一六八・五㎝で計算すれば、一・六八五×一・六八五×二二＝六二・五キログラムなのです。しかし一六七㎝で計算すると、六一・四キログラムが標準となります。プラス一〇％まで許されるならば、六一・四＋六・一四＝六七・五キログラムです。

ところが二〇〇一年の夏、正確には六月一〇日の夕方――。

ちょっと今日は食べすぎたけど、体重はいくらかな？　と軽い気持ちで体重計にのってみて、さあ、ビックリしました。なんと、七二キログラムもあるのです。

最近、ずーっと私の体重は七〇キログラムになるかならないかでした。それが七二キログラムもあるのです。

な、な、な、な、なんたることだ。

こりゃなんとかしなくてはならないぞ、そのとき私は真剣にそう思いました。

よし、今からダイエットに挑戦だ！　そして始めました。

当日、もちろん夕食はかるーく食べただけ。あとはなにも食べませんでした。

明日からは、常々患者さんに言っている、一日あたり一二〇〇カロリーの食事でやろうと決めました。私の仕事は軽労働ですが、まったくのデスクワークではないし、また、生活に運動も取り入れようと思うので、現在の体重に二七をかけてみました。二五をかけるのではあまりにもさみしいからです。七二×二七＝一九〇〇です。そうです、私はこの体重を維持するのに、一日一九〇〇カロリーほどをとっていたのでしょう。

だから、一日一二〇〇カロリーの食事にすると、七〇〇カロリー足りないので、一日で一〇〇グラム体重が減る計算になります。このことは、「体重一キログラムは七〇〇〇カロリー」の項でお話しました。七〇〇カロリーを自分の体の脂肪でまかなうと、一日で一〇〇グラムの脂肪が消費されるのです。一日に一〇〇グラム体重が減るとすると、一〇日間では一〇〇〇グラム、すなわち一キログラム体重が減ることになります。

そこで私は、一〇日間で一キログラムやせる計画をたてました。一か月で三キログラム減をめざしたのです。

一二〇〇カロリーは、八〇カロリーが一単位なので、一二〇〇÷八〇＝一五単位になります。一日一五単位の食事をどう食べるかが問題です。

朝は少なく二～三単位　昼は三～四単位　夜は七～八単位　間食は一～二単位

このような計画にしました。

さっそく、妻には減食する旨宣言して、協力してもらうことにしました。

朝は、果物・ところてん・紅茶・生野菜・パン・みそ汁などを組み合わせました。

昼は、みそ汁・豆腐・納豆・トマト・きゅうりなどを適宜組み合わせました。

夜は、家族と同じものを少なめに、油ものをなるべく減らして食べました。

間食は、緑茶・紅茶・コーヒー・トマト・きゅうり・ところてんなどです。ときには、チョコレートも食べました。

また運動も取り入れました。診察の合間に、一分か二分を利用して診察室で縄跳びのまねごとです。一度に一〇〇回跳ぶことにしました。縄がないので二重跳びでも三重跳びでもできます。さらに階段を何度も上ったり下りたりしました。二階まで上ると一九段です。これを一日に五〇回する計画をたてました。そして万歩計もつけました。一日七〇〇〇歩が目標です。


一日目。なんとか過ぎました。しかし、おなかがすきました。職場の仲間が「あれ？先生どうしたの」と聞いてきました。「今日から減食を始めたんだよ」と宣言しました。

夜。就寝前に鏡に向かって暗示をかけました。おまえは食べ物を気にしない、と。

二日目。起床後に、今日も一日食事を気にしない、と鏡に向かって暗示をかけました。そして、少々期待しながら体重計にのりました。一キログラム減っています。当り前です。おしっこを出した状態で、しかも朝食前なのですから。

さあまた今日も始めるぞ、と心に誓いました。しかし、ときどき冷蔵庫の前でウロウロする自分を発見して、自分自身を叱咤激励しました。家族も半信半疑ながら協力してくれます。少し余計に食べようとすると、「もうやめたほうがいいんじゃない？」と注意を喚起してくれるのです。

三日目。朝、排尿のあと、いつものように寝間着の上だけ脱いで素足で外に出ました。上半身裸になって、庭で体操するのが三〇年来の日課なのです。なんでも三日坊主の私ですが、これだけは不思議と長続きしています。体操のあと、足が汚れているので四つんばいになって風呂場まで行きました。裸になり水をかぶります。この水かぶりもずっと続いています。真冬でもかぶっています。

それから、おもむろに少しドキドキしながら体重計にのりました。

〇・五キログラム減ったようです。いいですね。嬉しくなりました。

我が家の体重計は五〇グラムまではかれる優れものです。ですから、ちょっとした体重の変化も見逃さないのです。できるなら体重計は五〇グラム単位ではかれるものがいいと思います。減ってゆくのがよくわかるので、ダイエットに楽しみができます。

私の職場は医療機関ですから一〇グラム刻みの正確な体重計があります。それで朝だけではものたりなくて、一日に何回も体重計にのってしまいます。

一〇日目。確実に一キログラム減って七一キログラムになりました。

一二〇〇カロリーというのは、けっこう食べることができるものだということがわかりました。意外に空腹感は出てこないものです。夜寝るときにおなかが減ったなあと思うときは、アルコールをちょっと飲んで寝ます。枕に頭をつけて、ああ今日もがんばったなあとひとりで自分自身に惚れ惚れするのです。そして、明日も一日がんばろうと思いながら眠るのです。もしも、いやしくして余計に食べてしまった日は、うーん、ちくしょう、明日はがんばるぞと思いながら寝床につきます。

朝は、今日一日だけがんばろうと思います。今日一日です。これが、これから一週間とか一か月がんばらなければならないと思ったら、とても長続きするものではありません。今日一日だからできるのです。

その場跳びの「縄なし縄跳び」も順調に続いています。階段も上っています。万歩計が七〇〇〇歩いかないときは、帰宅してから家の周りを歩きました。

次の一〇日間もなんとか乗り切り、二キログラム減りました。

こうなるともう嬉しくて、一日に何回も体重計にのります。体重計にのると面白いことがわかります。おしっこをためて体重計にのる。おしっこを出して体重計にのる。そうすると、当り前の話ですが二五〇～五〇〇グラムの変化があります。うんちも同じようにやって、排便前、排便後で体重計にのります。同じように二五〇〜五〇〇グラムの変化があります。面白いですよ。

ベルトの留め穴を開け直しました。体重一キログラムでウエストが一cm縮まるとの説があります。

次の一〇日間――。旅行に行きました。一泊の温泉旅行です。夜は料理を全部食べるつもりなので、朝食はみそ汁一杯だけです。昼はみんながレストランでしっかり食べているのを横目で眺めながら、ひとりコーヒーをすっていました。そして夜。出された料理はみんな食べました。腹いっぱい食べました。うまかったですね。

二日目。朝食は、ふだん本当に軽くしか食べないのですが、しっかり食べました。昼はホテルでランチ。これも食べました。

翌日、体重は二キログラムも増えていました。そんなわけはないと思い、もう一度はかりましたが、やっぱり二キロの増加です。本当に二キロ増えたのなら、体重維持に必要なカロリーよりもさらに一四〇〇〇カロリー多く食べたことになります。そんなに食べるわけはないので、翌日には減るだろう、とたかをくくっていたらなかなか減りません。

不思議なことです。アルコールに原因があるのではないかと思っています。つまり、アルコールが体内水分を貯留するように働くのではないでしょうか。一種のむくみだと思います。元の体重に戻ったのは三日後でした。同じようなことが二か月目にもありました。旅行から戻ってきたら、やっぱり二キログラムも増えているのです。このときも元の体重に戻るのに三日かかりました。

しかし、絶対に戻りますから心配はいりません。旅行のときくらいしっかり食べてください。ただし、これは糖尿病でない人の話です。糖尿病をもっている人は、旅行だからといってドカ食いはダメです。血糖は旅行だからといって上がるのをやめてはくれません。

こうして一か月が経ちました。さて次の一〇日間——。

朝は一〇〇カロリー前後。ときには、みそ汁二杯ですましたこともあります。

昼は、おかゆをお茶わんに一杯食べるようにしました。おかずは相変わらず豆腐や納豆。そしてインスタントみそ汁。みそ汁のなかにはたっぷりと乾燥ワカメを入れます。

順調に体重は減っています。三・五キログラム減りました。階段を上るにも軽快に二、三段ずつ駆け上がります。ズボンのバンドの留め穴を再び開け直しました。いい気持ちです。

そして五〇日目。外来で患者さんが言いました。「先生、おやせになりました？」

「五キログラムやせたんですよ」

「ご病気ですか？」

何人かの患者さんにはやせたことがわかったようです。普通は五キログラムぐらいではなかなかわからないのです。本人はすごくやせた気になっていますが、周囲の人たちは案外気づかないものです。

やがて八〇日間が終了しました。

八キログラム減りました。六四キログラムです。顔もほっそり。元のズボンはダブダブです。新しいズボンを買ってきました。

これで、ほぼ目的を達成したのでダイエットをやめました。そして一二〇〇カロリーの生活から一七〇〇カロリーの生活にしました。一二〇〇カロリーを続けたのではどんどんやせてしまって、そのうち体重が四五キロぐらいになってしまいます。目標の体重にまで減量に成功したら、あとはその体重を維持するのに必要なカロリー数までアップしなければなりません。

六四キログラムの体重を維持するには、一二〇〇カロリーではなくて、五〇〇カロリーアップの一七〇〇カロリー必要なのです。計算式は六四×二七＝一七二八です。

一二〇〇カロリーに比べると、一七〇〇カロリーはけっこう食べられますよ。

おわりに

成人病が「生活習慣病」という呼び方に変わりました。どんなに努力しても「歳には勝てない」身体の変化があります。それを全部ひっくるめて生活の習慣が悪いから病気になったのだという言い方には少々疑問を感じます。疑問を感じますが、確かに悪い生活習慣が病気を作っているという点も否定できません。悪いとわかっているのに吸っているタバコ。悪いとわかっているのに飲んでいるアルコール。その他にも運動不足や睡眠不足等々たくさんあります。

これらに対しても毎日、短い診察時間のなかで注意を促しています。注意を促すことは、私にとっての予防医療の実践なのです。そもそも医師の本来の目的は、病気になった人への治療ではなく、人を病気にさせない「予防の医療」ではないでしょうか。ですから一生懸命話をした患者さんから「おかげさまでタバコをとうとうやめましたよ」とか、「先生のあの言葉で酒やめられました。」という言葉を聞くのは本当に嬉しいものです。病気が予防できたのです。それも薬を使わずに、言葉だけで予防できたのです。

同じように「先生の方法で体重が減りました」という言葉を聞くのも嬉しいものです。なぜなら、太っている人を減量させることは立派な予防医療だからです。肥満を治療することができれば、たくさんの疾病が予防でき、元気に老いることが可能です。

しかし太っている人を治療すること、すなわち減量させることは一筋縄ではゆきません。患者さんにあの手この手で肥満の害を説きますが、なかなか言うことを聞いてはくれません。ああ言えばこう言う、こう言えばああ言う。少なからず反論、言い訳が返ってきます。それでも、はいわかりました、今日から実行しますと言ってくれる人もたくさんいます。たくさんいますが、実際に減量に成功する人はきわめて少ないのが現実です。減量したくても減量できないのが現実です。

自分の身体なのですから自分でコントロールできるはずなのですが、それができないのです。これは自分の身体をコントロールできないのではなく、自分の心をコントロールできないからでしょう。食べてはいけないと知りながらも食べてしまうのです。食べてはいけないという心を自分で統御できないのです。

黙想しなさいと言われて一分間、何も考えない、何も思わないということができるでしょうか。わずか一分間の無念無想です。わずか一分間ですら自分の心を自分で統御できないのです。いや、一分間とは言わず十秒間もできないでしょう。

十秒間ですら思うように使いこなせない心で、食欲をコントロールしようというのですから、一筋縄ではゆかないのは当り前でしょう。それでも減量を実現してもらわなければなりません。減量を実現するには、食欲という強い本能に打ち勝たなければなりません。食欲という本能に現代人が打ち勝つには、「理性心」を強くすることが大切です。理性が本能に戦いを挑むわけです。理性心は、現代人がもっとも得意とする心です。

減量における理性心の役割とは、食品のカロリー数を理解することです。カロリー数の理解が大きな力になることは間違いありません。

しかし、それだけでは食欲という本能に打ち勝つのは難しいでしょう。食欲は強い本能です。これに打ち勝つには強い「克己心」、食べたい心に打ち勝つ心、我慢が必要です。克己心を養うにはプラス思考がもっとも近道です。常に心をプラス思考に向けることで、食欲という強い本能に打ち勝つことができます。マイナス思考では我慢はできません。プラス思考こそが本能と対等に戦え、我慢を生み出します。

そこでこの本では、理性心を作る食品のカロリー数と、克己心を作るプラス思考の二つを柱に述べてみました。

私はこのプラス思考を、高校から大学生時代に中村天風という人から直接、教えてもらいました。いまでこそプラス思考・積極思考は、国民の誰もが知っている言葉ですが、四十年前にはほとんど天風先生の独壇場でした。最近では、天風哲学の本がいろいろ書店に並んでいます。この本の中にも、随所随所にたくさんの天風哲学を織り込みました。すべて私が実際に天風先生から伺ったものです。

この本はダイエットを学びながら、知らず知らずのうちに天風哲学が身に付くように書かれています。二度、三度とくり返してお読みいただくと、いつの間にか自分がマイナス思考から積極的なプラス思考に変わっていることに気がつかれるでしょう。読者のみなさんが減量に成功し、さらにプラス思考も自分のものにしていただけたら、著者としてこれにまさる喜びはありません。

最後になりましたが、本書の出版を快く引き受けてくださった地湧社の増田正雄社長に心よりお礼申し上げます。また編集部の丸森様はじめスタッフのみなさんにもお世話になりました。そして増田社長をご紹介くださいました高橋玄朴様、ありがとうございました。私とみなさまのプラス思考がこの本を誕生させてくださったものと確信しております。

二〇〇三年二月

松本　光正

〈著者紹介〉
松本 光正（まつもと　みつまさ）
1943年大阪生まれの東京育ち。1969年北海道大学医学部卒業後、医療生協浦和民主診療所勤務・所長を経て1995年おおみや診療所所長に就任、現在に至る。高校から大学時代にかけて中村天風の最晩年の弟子として指導を受け、以後、天風会の講師として活躍。外来医療をこよなく愛する内科医。催眠医療、漢方薬を診療に取り入れる。趣味は野草観察、神社仏閣名所旧跡巡り。温泉ブームが始まる前からの温泉好き。現在340湯。

お金《かね》いらずのダイエット　あなたもプラス思考《しこう》でやせられる

2003年3月15日　初版発行

著　者　松　本　光　正
発行者　増　田　正　雄
発行所　株式会社　地《ち》　湧《ゆう》　社
東京都千代田区神田東松下町12-1（〒101-0042）
電話番号・03-3258-1251　郵便振替・00120-5-36341
装　幀　ペドロ山下
印　刷　啓文堂
製　本　根本製本

万一乱丁または落丁の場合は、お手数ですが小社までお送りください。
送料小社負担にて、お取り替えいたします。
ISBN4-88503-171-0 C0077

玄米家庭料理

馬渕通夫・恭子著

健康によい玄米食をおいしく食べるコツは、魚・卵1、植物タンパク1、野菜3のバランスで、おいしいおかずを作ること。四季の献立とその作り方を紹介し、無理のない玄米食をすすめる入門書。

A5判並製

わらのごはん

船越康弘・船越かおり著

自然食料理で人気の民宿「わら」の玄米穀菜食を中心とした「重ね煮」レシピ集。オールカラーの美しい写真とわかりやすい作り方に心温まるメッセージを添えて、真に豊かな食のあり方を提案する。

B5判並製

食べもので若返り、元気で百歳

生命はミネラルバランス

中嶋常允著

ミネラルのバランスを十分にとると、体の機能は飛躍的に高まる。それは動植物みな同じ。四〇年にわたり土と作物の研究を続けてきた著者が、健康・美容とミネラルの関係をわかりやすく解説。

B5判並製

自然流食育のすすめ

小児科医からのアドバイス3

真弓定夫著

小児成人病やアレルギー性疾患の増えている今、子どもに何をどう食べさせればよいのか、健康と文化の両面から考える。子どもたちの未来を案ずる故の、ちょっぴり辛口な好評シリーズ第三弾。

四六判並製

からだと心を癒す30のヒント

樋田和彦著

ストレスや病気に効く癒しのガイドブック。自分の中の治癒力を引き出して安らぎと活力をとりもどそう。様々な病気をユニークな診療で治してきた癒しの達人が、そのコツと具体的な方法を解説。

A5変型並製